거룩한 삶을 위한 능력, **교리묵상**

경건

김남준 현 안양대학교의 전신인 대한신학교 신학과를 야학으로 마치고, 총신대학교에서 목회학 석사와 신학 석사 학위를 받았으며, 신학 박사 과정에서 공부했다. 안양대학교와 현 백석대학교에서 전임 강사와 조교수를 지냈다. 1993년 **열린교회**(www.yullin.org)를 개척하여 담임하고 있으며, 현재 총신대학교 신학과 조교수로서도 재직하고 있다. 저자는 영국 퓨리턴들의 설교와 목회 사역의 모본을 따르고자 노력해 왔으며, 아우구스티누스를 비롯한 보편교회의 신학과 칼빈, 오웬, 조나단 에드워즈와 17세기 개신교 정통주의 신학에 천착하면서 조국교회에 신학적 깊이가 있는 개혁교회 목회가 뿌리내리기를 갈망하며 섬기고 있다.

주요 저서로는 **1997년도 기독교 출판문화상**을 수상한 『예배의 감격에 빠져라』와 **2003년도 기독교 출판문화상**을 수상한 『거룩한 삶의 실천을 위한 마음지킴』, **2005년도 기독교 출판문화상**을 수상한 『죄와 은혜의 지배』를 비롯하여 『구원과 하나님의 계획』, 『게으름』, 『자기 깨어짐』, 『하나님의 도덕적 통치』, 『교사 리바이벌』, 『자네, 정말 그 길을 가려나』, 『목회자의 아내가 살아야 교회가 산다』, 『설교자는 불꽃처럼 타올라야 한다』, 『돌이킴』, 『싫증』, 『개념없음』, 『그리스도인이 빛으로 산다는 것』, 『가상칠언』, 『목자와 양』, 『아이야 엄마가 널 위해 기도할게』, 『깊이 읽는 주기도문』, 『서른통』, 『부교역자 리바이벌』 등 다수가 있다.

거룩한 삶을 위한 능력, 교리묵상 **경건**

ⓒ **생명의말씀사** 2009

2009년 3월 1일 1판 1쇄 발행
2014년 11월 15일 4쇄 발행

펴낸이 | 김재권
펴낸곳 | 생명의말씀사

등록 | 1962. 1. 10. No.300-1962-1
주소 | 서울시 종로구 경희궁1길 5-9(110-062)
전화 | 02)738-6555(본사) · 02)3159-7979(영업)
팩스 | 02)739-3824(본사) · 080-022-8585(영업)

지은이 | 김남준

기획편집 | 태현주, 조해림
디자인 | 박소정, 맹영미
인쇄 | 예원프린팅
제본 | 정문바인텍

ISBN 978-89-04-15834-8 (04230)
ISBN 89-04-00116-1 (세트)

저작권자의 허락없이 이 책의 일부 또는 전체를
무단 복제, 전재, 발췌하면 저작권법에 의해 처벌을 받습니다.

거룩한 삶을 위한 능력, **교리묵상**

경건

김남준 저

생명의말씀사

저자 서문

묵상은 머리의 지식을
마음으로 흘려보내는 깔대기입니다

오랫동안 목회한 제게도 풀리지 않는 의문이 있었습니다. 그것은 복음을 깊이 경험하고 그리스도를 인격적으로 체험한 사람들의 미끄러짐에 관한 것이었습니다. '강력한 은혜를 경험하고도 어쩌면 그렇게 쉽게 뒤로 물러가 침륜에 빠질 수 있을까?' 하는 의문이 늘 제 가슴 속에 있었습니다.

이 질문에 대한 충분한 해답을 찾기 위해서는 아직도 많은 논의가 필요하겠지만, 우선적으로나마 저는 이에 관해 가장 중요한 원인을 두 가지로 나누어 말씀드리겠습니다.

첫째는 과거 회심의 문제입니다. 그들의 회심이 총체적으로 복음의 의미를 경험한 회심(신학적 회심)이 아니라 진리 중 일부만을 경험한 회심(도덕적 회심)이었기 때문입니다. 그래서 그들의 생각은 성경 진리와 그리스도를 아는 지식으로 정리되어 있지 않으며, 그 안에서 마음속에 많은 모순contradictions을 경험하게 됩니다. 이런 사람에게 견고한 신앙을 기대할 수는 없습니다.

둘째는 현재 은혜의 문제입니다. 즉 바르게 회심해야 할 뿐 아니라 그 회심을 늘 보존하고 살아야만 견고한 신앙생활이 가능한 것입니다. 신자가 하나님의 은혜로부터 멀어지는 가장 큰 요인은 하나님의 말씀을 현재적으로 마음에 품고 살지 않는 것입니다. "내가 주께 범죄치 아니하려 하여 주의 말씀을 내 마음에 두었나이다"시 119:11. 신자가 과거에 아무리 하나님을 만나고 진리를 경험했다 할지라도 말씀을 현재적으로 마음속에 품고 살지 않으면, 죄에 대한 승리는 없습니다.

교리묵상 시리즈 8권 『경건』이 출간되었습니다. 본서는 경건에 관한 기본적인 메시지와 함께 경건을 위한 기도생활, 경건을 위한 말씀생활 그리고 삶의 체계가 되는 경건으로 구성되어 있습니다. 하루하루 무엇을 믿고 어떻게 살아야 할지 곱씹고 묵상한다면 여러분에게 큰 변화가 있을 것이라 생각합니다.

사랑하는 여러분, 우리가 무엇을 믿어야 하고 무엇을 사랑해야 하며 또 어떻게 살아야 할지 성경에 명확하게 제시되어 있습니다. 제시되어 있는데도 우리가 그러한 삶으로 하나님께 영광을 돌리지 못한다면 그 책임이 우리에게 있음은 분명한 사실입니다. 현재 자신의 마음의 상태를 보십시오. 그 마음의 상태가 여실히 드러나 있는 삶도 함께 보십시오. 경건을 잃어버린 껍데기 같은 모습은 아닙니까? 그렇다면 바로 지금 그리스도께로 나아가십시오. 그리고 그분의 능력을 힘입어 경건의 능력을 회복하십시오.

그리스도의 노예
김남준 목사

- 저자 서문 _4
- 책을 열며 _12

경건의 비밀, 그리스도 _17

경건은 마음과 삶 모두에서 나타납니다

경건은 기독교 신앙의 핵심입니다

인간은 본래 하나님을 두려워하고 사랑해야 할 존재였습니다

예수 그리스도께서 이 땅에 오신 이유는

경건을 회복시키기 위함입니다

중생하지 않은 사람에게는 경건이 있을 수 없습니다

경건의 기초가 바로 되어 있어야 합니다

경건의 기초는 자신의 정체성을 발견하게 합니다

우리는 십자가 앞에서 경건을 발견할 수 있습니다

경건의 능력이 있습니까?

십자가 앞에서 먼저 발견할 것은 하나님의 진노입니다

경건은 하나님께 대한 올바른 두려움을 갖는 것입니다
십자가 앞에서 하나님의 사랑을 만날 수 있습니다
경건은 하나님을 사랑하는 것입니다
경건은 삶의 체계입니다
경건은 진리에 대한 선명한 지식과 하나님을 향한 두려움을 동반한
뜨거운 사랑의 융합을 통해서 이루어집니다
하나님과의 만남이 경건을 가능하게 합니다
경건의 삶은 매일 반복되어야 합니다
경건을 위해서 경건한 마음의 틀을 유지해야 합니다
경건의 진보가 있습니까?
경건을 잃어버렸다면 처음부터 다시 시작하십시오

경건을 위한 기도생활 _61

경건을 이루는 기도생활은 개인과 공동체의 기도가 함께 가야 합니다
경건을 위한 기도의 삶, 그리스도께서 보여주신 삶입니다
경건으로 향하기 위해서는 날마다 기도하는 습관이 필요합니다
경건한 삶은 우리를 하나님과의 친밀함으로 이끕니다
능력의 기도 속에는 경건이 배어 있습니다
경건을 위해서는 먼저 삶을 꼼꼼히 살펴봐야 합니다
경건의 삶을 위한 기도는 정사의 삶을 통해 이루어집니다
마음에서 길어 올린 기도가 우리를 경건에 이르게 합니다
갈망은 마음에서 우러나오는 경건의 기도를 가능케 합니다
금식은 경건생활에서 부딪히는 한계를 뛰어넘게 합니다
앞서간 신앙의 선배들의 경건의 비결은 금식이었습니다
경건생활의 비결이 되는 금식의 정신은 겸비입니다
금식이 삶의 개혁과 함께 이루어질 때 참된 경건에 이를 수 있습니다
경건한 기도생활을 위해서는 사고의 기능이 가지런해야 합니다
근신하여 기도할 때 경건에 이를 수 있습니다
마지막 때를 경건으로 살아가는 비결, 역시 기도입니다

경건을 위한 말씀생활 _103

곧은 목으로는 경건에 이를 수 없습니다

경건한 신자는 성소의 등불을 밝힙니다

하나님께로부터 오는 진리의 빛이 필요합니다

말씀에 대한 깨달음은 경건의 시작입니다

말씀에 대한 현재적인 사모함이 있어야 합니다

말씀은 나그네 인생길의 노래이자 위로입니다

말씀은 경건한 성도들을 새롭게 합니다

선포되는 말씀은 경건의 씨앗입니다

경건한 성도들에게 말씀은 매일의 양식입니다

말씀 묵상은 경건을 스며들게 합니다

묵상의 첫 번째 비결은 정확한 이해입니다

묵상의 두 번째 비결은 마음을 여는 것입니다

묵상의 세 번째 비결은 하나님의 마음을 읽으려는 열심입니다

경건한 성도는 말씀 앞에서 교만할 수 없습니다

경건은 머리에만 머물지 않습니다

참된 성도의 삶의 체계, 경건 _145

경건은 혼자서만 누리는 것이 아닙니다
자족하는 마음은 경건에 도움을 줍니다
경건한 삶은 금욕주의가 아닙니다
경건한 삶에 재물은 목표가 될 수 없습니다
하나님으로 말미암는 참된 만족이 자족하는 마음의 열쇠입니다
자족하는 마음에는 두 가지 비결이 있습니다
불경건은 불순종의 죄로부터 시작되었습니다
순종과 경건은 아름다운 연결고리입니다
하나님께서는 순종하는 신자들에게 경건을 선물로 주십니다
소극적인 순종이 필요합니다
적극적인 순종이 필요합니다
텅 빈 경건은 순종으로 채워야합니다
죄는 연약함이 아니라 돌아서야 할 악함입니다

경건한 성도는 죄의 결과를 두려워하며 주님을 붙듭니다

구속의 감격을 늘 간직하십시오

감사는 또 다른 기도입니다

경건만이 교회를 참되게 섬기게 합니다

경건과 교회 섬김, 그 핵심은 십자가입니다

경건을 통해 교회는 하나로 연합됩니다

이것이 우리가 배워야 할 공동체의 모습입니다

경건의 삶을 증진하는 또 하나의 비결은 친구 관계에 있습니다

성도의 교제 속에서 경건은 증진됩니다

성도의 교제는 진리 안에서의 교제여야 합니다

참된 교제, 성도들이 지녀야 할 삶의 모습입니다

경건한 자들의 사귐이 있는 곳이야말로 아름다운 교회의 모습입니다

경건한 성도들의 한 가지 소망

경건을 회복하십시오

책을 열며

하나님께서 첫 사람을 창조하셨을 때, 하나님을 향한 큰 두려움과 떨림, 그러면서도 싫지 않게 하나님의 사랑으로 이끌리는 하나님에 대한 사랑을 주셨습니다. 그래서 하나님을 두려워하는 가운데 자신의 의무를 깨닫고, 하나님을 사랑하는 가운데 그 의무를 조금도 짐스러워하지 않고 영광과 기쁨으로 감당하는 사람으로 이 세상에 살게 하시는 것이 창조의 계획이었습니다.

그런데 죄 때문에 이것이 모두 파괴되어 버렸습니다. 하나님을 향한 사랑도, 하나님을 향한 두렵고 떨림도 남아 있지 않게 되었습니다. 그래서 사람들은 하나님으로부터 멀리 도망치거나 하나님이 싫어하시는 우상을 섬기게 되었습니다. 이것 때문에 하나님께서는 인간을 구원하시는 계획을 통해서 우리 인간들에게 하나님의 그 두려우심과 엄위로우심, 그리고 필설로 다할 수 없는 크신 사랑을 함께 가르쳐주고 싶어 하셨습니다. 바로 예수 그리스도를 통하여서 말입니다.

예수 그리스도의 죽으심의 그 사건은 우리 죄를 대신하여 하나님의 진노를 받으시는 그리스도 예수의 고난과 우리를 구원하고자 하시는 하나님의 사랑, 이 두 가지를 한꺼번에 보여 주는 것입니다. 이것들을 한꺼번에 믿게 하심으로써 우리를 그리스도 예수 안에서 하나님을 경외하는 사람으로 만드십니다. 그리하여 하나님을 사랑하여, 하나님을 두려워하여 신앙의 의무를 행하게 하는 것입니다. 바로 이것이 경건입니다. 하나님께서 우리를 구속하신 것은 우리를 경건한 사람이 되게 하고자 하신 것입니다.

사랑하는 여러분, 여러분은 이 경건을 얼마나 소유하고 있으며 이것을 보존하기 위해 얼마나 애쓰고 있습니까? 이러한 경건을 소유하지 못한 사람들은 신앙의 의무를 행하기는 하나 기쁨도, 감격도, 또한 감사도 없습니다. 기도를 하여도 벽 앞에서 혼자 중얼거리는 것만 같습니다. 하나님의 말씀을 들어도 나에게 하시는 말씀은 아닌 것 같습니다. 영혼들에게 하나님의 말씀을 가르치면서도 영혼에 대한 애타는 마음이 없습니다. 그리고 이러한 나 자신을 바꾸고자 하는 힘도, 의지도 없습니다.

그렇다면 바로 지금 결단을 내리십시오. 처음부터 다시 시작하겠다고 말입니다. 하나님의 그 큰 사랑을 입은 사람인데 이렇게 살아서는 안 되겠다고 말입니다. 그리고 경건을 회복하십시오. 하나님의 엄위로우심과 사랑을 함께 보여 준 십자가 앞으로 나아가 하나님께서 우리에게 의도하셨던 그 새로운 삶을 회복하십시오. 그래서 이것이 내 인생의 최고의 의무인 것처럼, 지금 이 순간이 인생의 마지막 날인 것처럼 경건한 신자로 살아가십시오. 외롭지 않은 길입니다. 경건의 비밀이신 그리스도께서 함께 하시기 때문입니다.

Secret of Piety

경건은 마음과 삶 모두에서 나타납니다

경건은 기독교 신앙의 핵심입니다

인간은 본래 하나님을 두려워하고 사랑해야 할 존재였습니다

예수 그리스도께서 이 땅에 오신 이유는 경건을 회복시키기 위함입니다

중생하지 않은 사람에게는 경건이 있을 수 없습니다

경건의 기초가 바로 되어 있어야 합니다

경건의 기초는 자신의 정체성을 발견하게 합니다

우리는 십자가 앞에서 경건을 발견할 수 있습니다

경건의 능력이 있습니까?

십자가 앞에서 먼저 발견할 것은 하나님의 진노입니다

경건은 하나님께 대한 올바른 두려움을 갖는 것입니다

십자가 앞에서 하나님의 사랑을 만날 수 있습니다

경건은 하나님을 사랑하는 것입니다

경건은 삶의 체계입니다

경건은 진리에 대한 선명한 지식과 하나님을 향한 두려움을 동반한

뜨거운 사랑의 융합을 통해서 이루어집니다

하나님과의 만남이 경건을 가능하게 합니다

경건의 삶은 매일 반복되어야 합니다

경건을 위해서 경건한 마음의 틀을 유지해야 합니다

경건의 진보가 있습니까?

경건을 잃어버렸다면 처음부터 다시 시작하십시오

Secret of Piety

경건의 비밀, 그리스도

경건은 마음과 삶 모두에서 나타납니다

"경건의 모양은 있으나 경건의 능력은 부인하는 자니
이같은 자들에게서 네가 돌아서라"(딤후 3:5).

'경건'이라는 말은 그리스도인이 흔히 사용하는 말입니다. "이 사람은 경건한 사람이다." 또는 "저 사람은 경건하지 못하다."라는 이야기는 한번쯤 해보았거나 들어보았을 이야기입니다.

그렇다면 '경건'이 의미하는 바는 무엇일까요? 그리고 "그 사람은 경건하다."라고 말할 때 그것은 그 사람의 어떤 모습을 염두에 두고 하는 말일까요? 물론 모든 사람이 경건의 올바른 정의를 따라서 사용하는 것은 아니지만 이것을 생각해 보는 것은 중요한 일입니다.

저는 경건을 두 부분으로 나누어 설명하고자 합니다. 첫 번째, 경건의 내적인 면입니다. 이것은 하나님께 대하여 거룩한 두려움과 사랑을 가지는 것입니다. 즉 하나님이 두려우면서도 피하고 싶지 않고 도리어 가까이 가고 싶어 하는 사랑의 감정이 그것입니다.

두 번째, 경건의 외적인 면입니다. 이것은 하나님께 대한 거룩한 두려움과 사랑이 동기가 되어 흘러나오는 삶의 모든 행동과 태도입니다. 그리고 이 외적인 삶은 거룩하신 하나님께 대한 사랑과 우리 이웃에 대한 사랑으로 나타납니다.

이렇게 경건은 두 가지를 함께 가지고 있습니다. 종교적으로 그럴듯한 모습만을 보이는 것은 절대로 경건이 아닙니다. 거룩하게 보이는 일을 아무리 많이 해도 내면에 하나님을 향한 올바른 사랑과 두려움이 없으면 그것은 경건이 아니라 외식일 뿐입니다.

또한 경건은 마음에서만 끝나지 않고 외적인 삶으로 드러나게 되어 있습니다. 하나님을 향한 올바른 두려움과 사랑이 있다면 반드시 삶의 태도와 행동에 변화가 오는 것은 어떻게 보더라도 당연합니다.

여러분은 어떠합니까? 경건의 모양은 있으나 경건의 능력은 없는 사람은 아닙니까? 아니면 표현을 못해서 그렇지 내 마음은 경건하다고 변명하는 사람은 아닙니까? 그렇다면 여러분은 경건을 소유한 사람이 아닙니다.

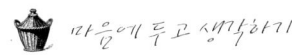
마음에 두고 생각하기

경건은 마음에서 시작되나 반드시 외적인 삶으로 나타납니다. 겉으로 드러나는 태도는 경건하게 보이지만 마음이 하나님을 향하여 있지 않거나, 겉으로 표현은 안 되어도 마음은 그렇지 않다고 생각한다면 자신의 경건을 다시 한번 점검해 보아야 합니다.

경건은 기독교 신앙의 핵심입니다

"크도다 경건의 비밀이여, 그렇지 않다 하는 이 없도다"(딤전 3:16上).

경건이 기독교 신앙의 핵심이라고 이야기한다 해도 지나친 이야기는 아닐 것입니다. 하나님을 사랑하고 두려워하는 마음도, 그 마음의 거룩한 영향력도, 그리하여 나타나는 구별된 삶도 경건 없이는 모두 무너져 버리기 때문입니다.

결국 기독교 신앙에서 경건 없이는 아무것도 가능하지 않습니다. 인간의 선한 행동에 경건이 없으면 어떻게 될까요? 경건에서 흘러나온 선은 참된 선으로 하나님을 기쁘시게 하지만 경건 없이 행한 선은 위선일 뿐입니다. 그렇다고 경건이 없는 자신을 내팽개치고 방종하여 악하게 산다면 그야말로 그것은 하나님을 향한 반역이 됩니다. 그래서 경건이 없는 삶은 성공하면 위선이요, 실패하면 타락일 뿐입니다.

그런데 오늘날 우리들의 모습을 보십시오. 경건의 모양은 있지만 참다운 경건의 능력은 없는 삶을 살고 있지는 않습니까? 하나님의 일을 하면서도 육신의 혈기로 하고, 선을 행하면서도 인색함이나 억지로 하며, 하나님의 교회를 섬기면서도 자신의 명예나 이익을 위해서 섬기지는 않습니까?

기둥과 지붕이 없는 집을 건물이라고 할 수 없는 것처럼 경건 없이 흉내 낸 모든 신앙적인 것은 경건이라 할 수 없습니다. 결국 언젠가는 무너지게 될 것이기 때문입니다. 이렇게 경건 없이 이런 일 저런 일들을 때로는 자기 자랑을 위해, 때로는 위선을 위해 억지로 행하면서 살아가게 될 때, 삶의 번잡함과 피곤함이란 이루 말할 수가 없을 것입니다.

예수를 오래 믿고 은혜를 많이 받았다고 생각되는 사람들 속에서 일어나는 끔찍한 악행과 불순종, 그리고 열렬한 믿음 없이 누군가에 의해서 끌려가는 것 같은 타율적이고 지리멸렬한 신앙생활의 원인은 궁극적으로 단 한 가지, 바로 경건이 사라졌기 때문입니다.

참된 그리스도인으로 살고자 하는 우리들에게 필요한 것은 바로 경건입니다. 여러분에게 하나님께 대하여 느끼는 사랑과 두려움, 또한 이것이 밖으로 흘러나와 삶의 뼈대를 이루는 경건이 있는지 면밀히 살펴보십시오.

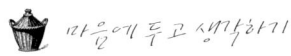
마음에 두고 생각하기

참된 그리스도인으로 살고자 하는 여러분에게 필요한 것은 바로 경건입니다. 영적인 침체에서 벗어나고자 몸부림칠 때에도, 지리멸렬한 신앙생활을 극복하고자 할 때에도 가장 먼저 생각해야 할 것은 바로 '경건'입니다.

인간은 본래 하나님을 두려워하고 사랑해야 할 존재였습니다

"하나님을 경외하고 그 명령을 지킬지어다 이것이 사람의 본분이니라"(전 12:13 下).

 미운 오리새끼 이야기는 여러분이 잘 아는 이야기일 것입니다. 미운 오리인 줄 알았던 백조가 친구도 없이 구박만 받다가 어느 날 아름다운 백조가 된다는 이야기입니다. 많은 사람들이 이 동화에서 자신의 정체성에 관한 교훈을 발견하고 감동을 받습니다.

 세상도 자신의 정체성을 찾으라고, 자기 자신이 누구인지 알라고 말합니다. 그렇다면 여러분은 인간의 정체성이 무엇이라고 생각합니까? 인간은 어떤 존재라고 생각합니까?

 하나님이 태초에 사람을 창조하셨을 때에는 자연 만물이 하나님의 영광을 충만하게 드러내고 있었을 뿐만 아니라 인간도 하나님께서 주신 순전하고 명료한 지성으로 하나님에 대해 뚜렷하게 이해하고 있었습니다.

 그래서 누가 설명해 주지 않더라도, 하나님이 창조하신 이 세계 자체가 하나님은 어떤 분이신지 소리치고 있었기에 그분의 엄위하심과 깊은 사랑을 또렷이 알 수 있었을 뿐만 아니라 그 사랑과 두려움 가운데서 하나님의 아름다움을 볼 수 있었던 것입니다.

 그러나 타락과 동시에 인간은 이 둘 모두에 대해 어두워졌습니다. 자신들이 두려워하고 떨 만큼 하나님이 지극히 높으시고 전능하시며 완전하시고 영원하신 분이라는 사실을 깨닫지 못하게 되었을 뿐만 아니라 이 자연 세계를 통해서 하나님이 살아계시다는 것과 그분이 아주 큰 능력을 가지신 두려우신 분이라는 것조차 알지 못하고 알아도 희미하게나마 알 뿐입니다.

게다가 더 심각한 문제는 우리를 사랑하시고 완전한 아름다움을 가지신 하나님을 볼 수도 없고 사랑할 수도 없게 되어 버린 것입니다. 이렇게 경건의 두 요소가 무너져 버렸습니다. 본래 가지고 있었던 하나님을 향한 두렵고 떨리는 마음, 그러면서도 하나님을 사랑하고픈 이끌림, 인간은 이 두 가지를 타락과 함께 모두 잃어버리고 말았습니다.

그러나 말로 다 할 수 없는 은혜로 하나님께서는 이 두 가지를 다시 회복시키고자 계획하셨습니다. 하나님 자신이 온 땅과 만물은 물론 모든 인간 위에 뛰어나시고 지극히 높으셔서 인간은 그 앞에 감히 설 수 없다는 사실과, 그럼에도 불구하고 하나님은 우리를 매우 깊이 사랑하신다는 사실을 가르쳐주시어 인간을 본래의 자리로 되돌려 놓고자 하셨던 것입니다.

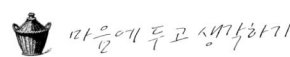
마음에 두고 생각하기

우리는 본래 있어야 할 위치에서 벗어나 하나님을 사랑할 수도 없고 두려워할 수도 없게 된 사람들입니다. 우리의 원래 자리, 즉 하나님을 두려워하고 사랑하는 자리로 돌아가야 합니다.

예수 그리스도께서 이 땅에 오신 이유는 경건을 회복시키기 위함입니다

"크도다 경건의 비밀이여, 그렇지 않다 하는 이 없도다
그는 육신으로 나타난 바 되시고 영으로 의롭다 하심을 입으시고 천사들에게 보이시고
만국에서 전파되시고 세상에서 믿은 바 되시고 영광 가운데서 올리우셨음이니라"(딤전 3:16).

여러분은 한번쯤 불꽃놀이를 보았을 것입니다. 가느다란 실선이 하늘을 가르고 올라가 현란하고 아름다운 색색의 모양을 그리면서 펑펑 터지는 장면을 말입니다. 저는 그 광경을 보면서 예수님의 성육신을 생각하였습니다. 성경의 역사 가운데 예수 그리스도께서 오신 것이 어둡고 캄캄한 하늘을 배경으로 아름다운 광경을 연출하는 장면 같았습니다. 그리고 하나님의 사랑을 뜨겁게 경험하였던 것이 마치 제 가슴 속에서 폭죽이 터지는 것 같았습니다. 말로 다 할 수 없는 아름다운 그림을 그리면서 말입니다.

그리스도를 알고 경험한 사람이라면 누구든지 그 마음속에 가느다란 실선같이 비치던 하나님의 사랑이 폭죽처럼 터지면서 그분을 향하여 두렵고 떨리면서도 깊이 이끌리는 사랑을 경험하게 됩니다.

예수 그리스도께서는 사람의 몸을 입고 이 세상에 오셨지만 그분은 피조물이 아니라 하나님이셨습니다. 하나님에 의해 창조된 것이 아니라 하나님께로부터 나신 아들이시지만 하나님 자신이셨던 것입니다. 다만 예수님이 입고 오신 육체는 피조물이었기 때문에 구름을 타고 하늘로 올라가신 것처럼 그렇게 내려오신 것이 아니라, 마리아에게 잉태되어 평범한 사람의 몸을 입고 오신 것입니다. 그리고 오신 목적 자체가 인간의 죄 때문에 인간과 가까이할 수 없는 하나님과, 하나님의 거룩하심 때문에 하나님께 가까이 다가갈 수 없는 인간을 화목시키기 위함이었으니 예수님은 완전한 하나님이요, 동시에 완전한 사람이셔야 했습니다.

우리는 주님께서 이 땅에 오신 것이 바로 우리의 경건의 회복 때문이라는 사실을 알 수 있습니다. 하나님을 알 수도, 두려워할 수도, 사랑할 수도 없는 우리를 위하여 이 땅에 오셔서 십자가를 지심으로 경건을 회복시키고자 하셨습니다. 그러므로 우리가 그 십자가를 경험할 때, 경건을 회복하게 됩니다. 경건이란 티끌만큼도 없는 타락한 인간에게 그리스도의 십자가가 유일한 소망이 되는 것입니다.

마음에 두고 생각하기

성경은 자신의 힘으로는 당신께 돌아올 수 없는 비참한 죄인들을 구원하신 하나님의 드라마입니다. 예수님은 사람의 몸을 입고 이 세상에 오셔서 진리를 가르치시고 병든 자를 고치시며 영혼들에게 복음을 전하셨습니다. 하지만 무엇보다 그분의 가장 위대한 사역은 십자가에서 모든 사람의 죄를 위해 죽으신 일입니다. 그래서 우리는 예수님의 십자가를 기축으로, 한편으로는 인간의 몸을 입고 이 세상에 내려오셔서 머리 둘 곳 없이 섬기신 전 생애를 살펴보게 되고, 다른 한편으로는 고난당하고 죽으신 그 죽음의 빛 아래서 부활과 승천, 재림의 영광까지 모두 바라보게 됩니다. 그것이 우리를 경건의 자리로 회복시키기 위함이었음을 묵상해 보십시오. 우리의 감사 제목이 여기에 있습니다.

중생하지 않은 사람에게는 경건이 있을 수 없습니다

"만물보다 거짓되고 심히 부패한 것은 마음이라 누가 능히 이를 알리요마는"(렘 17:9).

어린 자녀에게 좋은 습관을 갖게 하거나 하나님의 자녀로서의 의무를 행하도록 하는 데는 오랜 시간이 걸립니다. 아이들이 좋아하지도 않고 스스로 하려고도 하지 않기 때문입니다. 그러나 좋은 습관이 허물어지는 것은 순간입니다. 그래서 우리는 가르치지 않았는데도 어느새 나쁜 습관에 젖어 있는 아이들을 많이 보게 됩니다.

인간은 죄를 짓기 때문에 죄인이 되어 간다기보다는 죄인이기 때문에 필연적으로 죄를 짓습니다. 태어날 때부터 뼛속 깊이 죄의 본성이 뿌리 박혀 있어서 죄를 지으려고 따로 배우지 않아도 자연스럽게 죄를 짓는 것입니다.

그러한 인간이 변화되는 것은 쉬운 일이 아닙니다. 옛 삶이 고쳐져서 하나님 앞에 바르게 되는 것은 절대 한 번에 되지 않습니다. 몇 번이고 깨뜨려지고 부지런히 싸우며 투쟁해야 합니다.

또 섰다고 생각이 되면 다시 넘어지는 것이 인간입니다. 은혜를 받지 못하고 게으르고 나태한 가운데 유혹을 받으면 잘 세워졌던 삶이 순식간에 와르르 무너집니다. 넘어지고 다시 회개하고 "주님

뜻대로 살겠습니다."라고 고백하며 일어서야 합니다.

이렇게 인간은 뼛속 깊이 하나님을 향한 반감과 미움, 적대감을 가지고 철저하게 부패한 상태로 태어납니다. 그러나 오늘날 현대인들은 이런 식의 우울한 인간관을 받아들이지 않습니다. "넌 할 수 있어! 너는 사랑받기 위해 태어났어. 그리고 네가 이 세상에서 최고야." 이런 이야기들만을 좋아합니다. 그래서 그런 생각 위에 다른 것들을 쌓아 올려 보지만 그것은 이미 기독교의 메시지가 아닙니다.

인간은 전적인 타락과 완전한 부패로 인하여 스스로 하나님께로 돌아갈 수 없으며 창조의 목적을 찾아갈 수 없는 존재라는 것을 받아들여야 합니다. 인간은 이처럼 철저한 부패, 철저한 무능으로 집약되는 전적으로 타락한 존재입니다.

이러한 사실을 받아들이지 않을 때 하나님을 향한 사랑은커녕, 적대감과 비뚤어진 두려움을 가지고 태어난 인간은 하나님을 결코 올바르게 섬길 수 없습니다. 그런 상태로는 절대로 경건을 소유한 사람이 될 수 없는 것입니다.

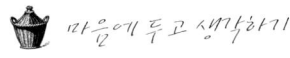
마음에 두고 생각하기

라티머(Hugh Latimer) 주교는 자신의 영혼의 상태와 하나님에 대해 분명히 알고 있다면 그 무엇도 우리를 위협하지 못한다고 하였습니다. 여러분은 여러분의 정직한 상태에 대하여 알고 있습니까?

경건의 기초가 바로 되어 있어야 합니다

"예수께서 대답하여 가라사대 진실로 진실로 네게 이르노니
사람이 거듭나지 아니하면 하나님 나라를 볼 수 없느니라"(요 3:3).

　오늘날 많은 사람들이 자신은 분명하게 거듭났지만 그저 침체에 빠진 것뿐이라고 해석하고는 하는데 그것이 전부 옳은 이야기는 아닙니다. 어떤 사람에게는 그 해석이 맞을 수 있지만, 이러한 변화를 아예 처음부터 경험하지 못해서 그렇게 사는 사람도 있기 때문입니다.

　거듭난 사람들은 모두 하나님께서 그 사람의 마음과 영혼 안에 이러한 일을 행하신 사람들입니다. 자신을 진실하게 돌아보십시오. 십자가 앞에서 죄에 대한 깊은 두려움과 떨림, 그리고 나 같은 죄인을 용서해 주시는 하나님의 무한하신 사랑 속으로 이끌리는 그 신비한 사랑의 경험이 중생한 신자 안에 있습니다. 그렇지 않다면 중생한 신자가 아닙니다.

　거듭나지 못한 사람들은 죄와 더불어 싸우고 경건하게 살려는 모든 노력에서 실패할 수밖에 없습니다. 그에게는 그것이 불가능하기 때문입니다. 그는 자신의 구원과 중생의 문제를 처음부터 다시 생각해야 합니다.

　하나님께서는 자기의 힘으로는 당신을 경외할 수도 없고 사랑할 수도 없으며, 당신과 원수 맺고 살 수밖에 없는 인간을 차마 보실 수 없어서 당신의 외아들을 이 세상에 보내셨습니다. 그래서 하나님의 독생자, 예수 그리스도는 십자가에서 철저히 불의한 우리 인간의 죄를 짊어지고 처참하게 죽임을 당하셨습니다.

이것은 우리의 죄가 얼마나 심각한지 또 거룩하신 하나님께서 그 죄를 얼마나 싫어하시고 볼 수 없어 하시는지를 함께 보여줍니다. 그리고 그렇게 엄위하게 우리의 죄에 대해서 당신의 아들에게 진노를 퍼부으신 것은 오직 단 하나, 우리 한 사람 한 사람을 사랑하시기 때문입니다.

우리는 그리스도를 그 십자가 앞에서 만나야 합니다. 우리의 죄가 얼마나 크고 하나님의 용서가 얼마나 대단한 것이었는지, 우리의 죄 때문에 왜 그리스도가 사람의 몸을 입고 오실 수밖에 없었는지 깨닫고 믿음으로 받아들여야 합니다. 그것이 바로 경건의 기초입니다. 경건의 비밀은 그리스도께 있기 때문입니다.

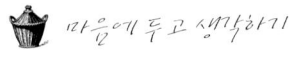 마음에 두고 생각하기

기초가 바로 되어 있지 않은 건물은 늘 불안합니다. 언제 어떻게 무너질지 알 수 없기 때문입니다. 우리의 신앙도 마찬가지입니다. 십자가 앞에서 그리스도와의 만남을 전제하지 않은 우리의 외적인 경건은 모두 기초가 없는 건물과 같습니다.

경건의 기초는
자신의 정체성을 발견하게 합니다

"이 백성은 내가 나를 위하여 지었나니"(사 43:21 上).

공장에서는 수십 개의 기계가 굉음을 내며 쉴 새 없이 돌아갑니다. 그리고 그 기계 하나하나는 수백 개의 부품으로 되어 있습니다. 그런데 그 부품 중 하나가 공장 바닥에 떨어져 있다고 해봅시다. 우연히 그것을 줍게 된다면 여러분은 그 부속품이 무엇에 쓰는 것인지 알 수 있겠습니까?

기계 부속 하나를 주워서 현미경으로 아무리 들여다본들 그것 하나만 가지고는 그것이 무엇인지, 어디에 쓰이는 것인지 알 수 없습니다. 인간도 마찬가지입니다.

하나님께서 죄가 없으신 그리스도 예수께 우리의 죄를 지워서 우리 한 사람 한 사람이 당해야 할 그 끔찍한 고난을 받게 하신 동기가 무엇입니까? 만물 위에 뛰어나신 예수 그리스도조차도 "나의 하나님, 나의 하나님, 어찌하여 나를 버리셨나이까"마 27:46라고 절규하리만치 그 무서운 단절과 형벌을 경험하게 하신 동기가 무엇이겠습니까?

그 동기는 오직 하나입니다. 당신의 형상을 따라 창조되었으나 죄 때문에 멸망하는 인간들을 향한 하나님의 뜨거운 사랑, 그것 하나입니다. 그것이 유일한 동기입니다. 그래서 하나님께서는 예수 그리스도를 십자가에 대신 못 박으셨고, 탁월하신 그리스도께서는 아버지의 뜻을 따라 아무 쓸모도 없고 하나님을 향한 미움과 적대감으로 철저히 썩어 있는 나를 살리기 위해 죽으신 것입니다.

분명히 기억하십시오. 우리 인간이 누구인지는 여기에서만 설명될 수 있습니다. 부속품 하나가 어디서 어떻게 쓰이는지, 그것이 무엇인지는 기계 전체에서 볼 때에야 비로소 알게 되는 것처럼 인간은 인간 하나만을 두고는 어떤 존재인지, 무엇을 위해 존재하는지 도무지 알 수 없는 존재입니다.

하지만 하나님께서 당신의 외아들을 십자가에 못 박으시기까지 우리들을 살리고자 하셨던 것을 보면서 우리는 인간이 누구이고, 어떤 의미를 지닌 존재이며, 무엇을 위해 살아야 하는지 규정할 수 있습니다.

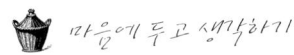
마음에 두고 생각하기

많은 사람들이 자신의 정체성을, 하고 있는 일, 가지고 있는 것, 관계를 맺고 있는 사람 등 부가적인 것에서 찾으려고 합니다. 그러나 그것은 옳은 생각이 아닙니다. 사람은 자신이 새롭게 태어난 그곳에서 자신의 정체성을 발견할 수 있습니다.

우리는 십자가 앞에서
경건을 발견할 수 있습니다

"크도다 경건의 비밀이여, 그렇지 않다 하는 이 없도다 그는 육신으로 나타난 바 되시고
영으로 의롭다 하심을 입으시고 천사들에게 보이시고 만국에서 전파되시고
세상에서 믿은 바 되시고 영광 가운데서 올리우셨음이니라"(딤전 3:16).

오늘날 조국교회에 경건의 모양은 있으나 경건의 능력이 없다고 이야기하는 이유가 무엇입니까? 사람들이 은혜를 받았다고 하는데, 그 은혜를 받은 곳이 십자가가 아니기 때문입니다. 반짝이는 모든 것이 전부 금이 아니듯 자신이 은혜라고 느낀다고 해서 모두 은혜는 아닙니다. 경건은 반드시 십자가 체험과 연결되어 있습니다.

나의 죄를 위해 십자가에서 짓이겨지신 그리스도 예수 앞에서 죄의 심각성을 깨닫고, 거룩하신 하나님의 엄위하심 앞에서 떨며, 이러한 나를 구원해 주신 사랑에 매일 펑펑 울 수 있다면, 경건의 개념은 이러이러하다고 말은 못하더라도 그가 가진 마음이 바로 경건의 마음입니다. 또한 그 마음으로 인해 그는 경건하게 살아갈 수밖에 없습니다.

'십자가'를 떠올리면 여러분은 무엇을 느끼십니까? 언젠가 어린이를 위한 집회를 할 때였습니다. 초등학교 3학년 쯤 된 여자아이가 심히 슬피 울고 있었습니다. 선생님이 아이를 달래다가 왜 그렇게 슬프게 우냐고 물었습니다. 아이가 대답했습니다. "선생님, 예수님이 나를 위해 못 박히셨어요." 이 어린아이의 말은 무슨 뜻입니까? "선생님은 예수님이 십자가에서 돌아가셨다고 하는데 마음이 아프지 않으세요?"라는 의미입니다.

바로 이것이 경건의 핵심입니다. 그리고 그때 마음이 경건을 만들어 내는 공장입니다. 마음속에 성령이 역사하셔서 우리로 하여금 경건하게 살아가도록 만드시는 때는 바로 십자가 앞에서 나를 발견하고 그리스도를 발견할 때인 것입니다.

그러므로 십자가 체험과 연결되어 있지 않은 마음의 돌이킴과 깨달음은 참된 것이 아닙니다. 그리고 그것은 절대로 그 사람으로 하여금 경건을 갖도록 할 수 없고 거기에는 경건의 참된 능력도 없습니다. 경건을 위해서는 가장 먼저 십자가로 돌아가야 합니다.

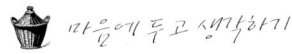
마음에 두고 생각하기

여러분의 신앙 상태를 가장 잘 말해 주는 것이 내가 현재 십자가를 되뇔 때 어떤 마음이 드는가 하는 것입니다. 예수께서 나를 위해 돌아가신 것이 당연한 일로 여겨지고 아무것도 아닌 것으로 생각된다면 여러분은 경건에서 많이 물러나 있습니다. 여러분이 겉으로 아무리 많은 선한 일과 화려함으로 신앙생활을 꾸민다고 하더라도 말입니다.

경건의 능력이 있습니까?

"경건의 모양은 있으나 경건의 능력은 부인하는 자니
이같은 자들에게서 네가 돌아서라"(딤후 3:5).

여러분은 공갈빵을 좋아하십니까? 공갈빵은 그것 나름의 맛이 있기는 하지만 배가 고파서 그 빵을 집어든 사람에게는 여간 실망스럽지 않을 것입니다. 겉은 커다랗게 부풀어 있는데 그 속은 텅 비어 있으니 말입니다. 우리는 우리의 삶이 이러한 공갈빵과 같지는 않은지 늘 점검해 보아야 합니다. 경건의 모습은 있으나 능력은 없는 허무한 삶 말입니다.

경건의 능력은 그리스도의 십자가를 현재적으로 경험하여 하나님께 말할 수 없이 두려움과 떨림을 느끼면서도 형언할 수 없는 하나님의 사랑 속으로 깊이 이끌리는 것, 이것이 마음을 지배하여 이루어지는 경건한 삶 전체를 말합니다.

이것은 자신을 포함한 다른 이들의 영혼을 변화시킬 뿐만 아니라 하나님을 기쁘시게 합니다. 이러한 경건이 있을 때 우리는 죄악된 세상에 대해서 분노도 할 수 있고 하나님께 돌아오지 못하는 영혼을 향해 눈물도 흘릴 수 있습니다. 또 이 땅에 있는 모든 그리스도인의 사명인 하나님 나라의 회복과 교회의 영광과 번영을 갈망합니다.

하지만 우리는 경건의 마음이 없는데도 외적인 신앙생활을 훌륭하게 흉내 내는 그리스도인을 많이 볼 수 있습니다. 영혼에 대한 사랑 없이도 전도하고, 주님을 찾는 마음 없이도 기도하고, 주님께 엎드리는 심령 없이도 예배의 자리로 나아가며, 주님의 나라가 이 땅에 임하기를 사모하는 마음 없이 하루하루의 일들을 감당하며 살아가는 사람들 말입니다.

그런데 하나님께서 마지막 날에 우리가 살았던 모든 삶을 헤아리실 때, 경건 없이 섬겼던 것들을 과연 당신을 향한 헌신이라고 생각하시겠습니까? 예수님께서는 그러한 자들이 "우리가 언제 주님을 섬기지 않은 적이 있습니까?"라고 물을 때 "나는 너희들을 모른다."라고 말씀하심으로 우리에게 이미 그에 대한 답을 주셨습니다.

그러므로 경건이 없다면 나머지는 아무것도 아닙니다. 그래서 사도는 심오하고 오묘한 의미를 생각하며 "크도다 경건의 비밀이여!" 딤전 3:16라고 외칠 수밖에 없었던 것입니다.

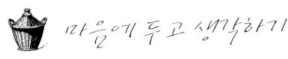
마음에 두고 생각하기

사도 바울은 디모데에게 마지막 때에 경건의 모양은 있으나 경건의 능력은 부인하는 자들로부터 돌아서라고 경고하고 있습니다(딤후 3:5). 우리는 사도 바울의 경고를 마음 깊이 새겨 마지막 때에 하나님께서 찾으시는 사람이 되어야 합니다.

십자가 앞에서 먼저 발견할 것은 하나님의 진노입니다

"하나님의 진노가 불의로 진리를 막는 사람들의 모든 경건치 않음과 불의에 대하여 하늘로 좇아 나타나나니"(롬 1:18).

어떤 목사님이 십자가에 대해 이틀 동안 설교하였습니다. 첫째 날은 십자가에 나타난 하나님의 두려운 공의에 대해서 설교를 하였습니다. 그런데 설교를 들은 사람들은 시큰둥할 뿐 별다른 반응을 보이지 않았습니다. 그런데 둘째 날 십자가에 나타난 하나님의 사랑을 얘기했더니 냉랭하던 사람들이 반응을 보였습니다. 여기저기서 눈물을 흘리는 것입니다. 그것을 보고는 이렇게 이야기하였습니다. "어제 울지 않은 사람은 오늘 울 자격이 없습니다." 왜냐하면 하나님의 엄격한 공의 앞에서 두려움으로 떨지 않았던 사람들은 하나님께서 자기를 형벌에서 구원해 주신 사랑을 올바르게 알 수 없기 때문입니다.

이 세상에 있는 인간은 모두 거룩하고 영원하신 하나님을 반역하고 대적하였기 때문에 심판을 받아 죽는 것이 마땅합니다. 그런데 하나님은 그런 인간을 용서해 주시기 위해서 그들이 지은 모든 죄를 짊어지실 수 있는 당신의 아들을 십자가에서 죽이셔야 했습니다. 그것도 가장 잔인하고 처참한 방법, 육신을 가지신 그리스도 예수의 생명이 남아 있는 한 말할 수 없는 고통을 당하여야 하는 끔찍한 십자가라는 사형 방법을 통해서 말입니다.

여기에서 우리가 맨 먼저 발견하게 되는 것은 하나님의 사랑이 아닙니다. 창조주이신 당신을 반역한 이 땅에 있는 모든 인간을 향한 하나님의 맹렬한 진노입니다. 십자가는 하나님께서 우리의 죄를 모두 짊어지신 어린 양인 그 아들을 나무에 매달고 짓이기시는 광경을 보여줍니다. 그러므로 우리는 하나님의 사랑을 생각하기 전에, 죄를 지을 수밖에 없는 존재로 이 세상에 태어나 죄를 지으며 살았지만 그렇게 지은 죄가 이토록 무서운 것이었다는 사실을 먼저 생각해야 합니다.

그리고 그 십자가 위에 매달려야 할 사람은 나 자신이며 하나님께 우리를 구원하시고자 하는 계획이 없었다면 우리 한 사람 한 사람이 십자가에 매달려 그렇게 짓이겨져 죽임을 당하여도 하나님께 입힌 손해는 보상될 수 없다는 것을 알아야 합니다. 그러므로 십자가 앞에서 우리는 먼저 커다란 두려움과 떨림을 느낄 수밖에 없는 것입니다.

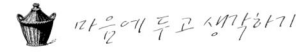
마음에 두고 생각하기

많은 사람들이 십자가에 대해 반쪽짜리 이야기를 합니다. 하나님의 사랑만을 이야기하는 것입니다. 이것은 십자가를 십자가 되지 못하게 하고 거친 막대기로 만들 뿐입니다. "하나님께서 우리를 얼마나 사랑하셨으면 예수님이 십자가에서 죽으셨을까. 하나님의 그 사랑은 정말로 놀랍구나." 이것은 반쪽짜리 십자가입니다. 그것이 십자가 앞에서 느낀 감정의 전부라면 엄밀한 의미에서 그것은 성경적인 경건이라 할 수 없습니다.

경건은 하나님께 대한
올바른 두려움을 갖는 것입니다

"그런즉 사랑하는 자들아 이 약속을 가진 우리가 하나님을 두려워하는 가운데서
거룩함을 온전히 이루어 육과 영의 온갖 더러운 것에서 자신을 깨끗케 하자"(고후 7:1).

밤이 맞도록 그물을 내려 고기를 잡으려 했지만 좀처럼 수확을 거둘 수 없었던 베드로가 예수님의 말씀대로 그물을 내리자 그물이 찢어질 정도로 많은 고기를 낚았다는 말씀은 익히 잘 알고 있는 말씀일 것입니다. 베드로는 그것을 통해 그리스도께서 하나님의 아들이시라는 사실을 깨달았고 엎드러서 "주여 나를 떠나소서!"눅 5:8라고 했습니다. 두려웠기 때문입니다. 그러나 그것은 공포가 아니라 경외였습니다. 예수님과 함께 있는 것이 공포였다면 부리나케 도망쳤겠지만 이상하게 베드로는 그럴 수 없었습니다. 그가 할 수 있는 것은 오직 엎드리는 것이었습니다.

십자가가 아닌 다른 곳에서 하나님이 무서우신 분이라는 것을 깨달았다면 그것은 모두 하나님에 대한 그릇된 두려움입니다. 십자가는 하나님이 죄에 대해서 얼마나 진노하는 분인지를 깨닫게 하고 하나님께 대한 올바른 두려움을 가져다주는 곳입니다.

반면 다른 곳에서 아무렇게나 경험하고 아무렇게나 해석한 두려움은 공포를 가져다줄 뿐입니다. 공포는 경외의 감정이 아닙니다. 그래서 사도 또한 "하나님이 우리에게 주신 것은 두려워하는 마음이 아니요."딤후 1:7라고 말한 것입니다.

신자들이 가져야 할 것은 하나님께 대한 공포가 아니라 경건한 두려움입니다. 이것은 우리로 하여금 더욱 더 경건하게 살도록 하는 동기가 됩니다. 그래서 존 오웬John Owen은 성도들에게 죄의 유혹을 받아 죄를 짓고 싶을 때면 가슴에 손을 얹고 이것을 생각하라고 타일렀던 것입니다. "내가 지으려고 하는 이 죄, 이 죄 때문에 예수님이 십자가에서 그렇게 비참하게 형벌을 당하고 죽으셨다. 그런데 내 영혼아, 네가 이 죄를 지으려느냐?"라고 말입니다.

이러한 두렵고 떨리는 마음이 하나님의 그 큰 사랑을 더 깊이 깨닫게 합니다. 하나님의 창조 목적에다 칼을 들이대고 하나님을 반역하며 살아가는 나의 더러운 죄, 그리스도 예수를 십자가에 못 박은 내 손에 흐르는 피, 그리고 그것을 볼 수 없어 하시는 하나님의 진노, 그러나 긍휼히 여기시고 자비를 베푸시는 하나님의 은혜, 이러한 것들은 하나님의 은혜를 가볍게 생각하고 방종하는 태도에서는 결코 볼 수 없는 것들입니다. 우리는 날마다 이것을 기억하며 두렵고 떨리는 마음으로 하나님 앞에 나아가야 합니다.

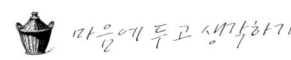
마음에 두고 생각하기

사람은 사랑하면 할수록 아무렇게나 대하고 싶은 마음이 생길지 모르나, 하나님은 사랑하면 할수록 그분 앞에서 신앙의 옷깃을 여미고 마음의 옷매무새를 단정하게 하는 신비함이 있습니다.

십자가 앞에서
하나님의 사랑을 만날 수 있습니다

"사랑은 여기 있으니 우리가 하나님을 사랑한 것이 아니요 오직 하나님이 우리를 사랑하사 우리 죄를 위하여 화목제로 그 아들을 보내셨음이라"(요일 4:10).

아우구스티누스A.Augustinus는 자신의 책 속에 "하나님, 우리 인간이 도대체 무엇이기에 당신을 사랑하라고 명령하시고, 우리가 당신을 사랑하지 않는 것이 마치 당신에게 손해라도 되는 것처럼 그렇게 당신을 사랑하라고 하시나이까?"라는 아주 감명 깊은 고백을 남겼습니다. 그의 입장에서 십자가 사건은 하나님께서 낮고 천한 인간을 한없이 위대한 존재로 높여 주시는 우주적인 사건입니다.

어떤 사람들은 인간이라는 존재가 모든 피조물 위에 뛰어나서 인간에게 사랑을 받으시는 것이 하나님에게도 필연적이고 그래서 하나님께서 당신을 사랑하라고 명하셨다고 생각하기도 합니다. 그러나 사실은 그렇지 않습니다. 하나님은 우리 인간에게 사랑을 받으셔야만 부족한 것이 채워지는 그런 분이 아니십니다. 물론 인간은 의존적인 존재입니다. 남편은 아내에게, 아내는 남편에게, 자식은 부모에게, 부모는 자식에게 사랑을 받아야지만 겨우 사람답게 살아갈 수 있는 존재입니다. 그런데 하나님은 그런 분이 아니심에도 우리에게 당신을 사랑하라고 하셨습니다.

이것은 하나님께서 인간을 단순히 이 땅에서 살다가 사라지는 존재가 아니라 죽지 않는 영혼을 가진 존재로 만드셨고, 하나님의 사랑은 그 자체로 영원한 만큼 하나님께서 우리를 당신과 영원히 사랑을 주고받는 존재로 부르셨다는 것을 보여줍니다. 이러한 구도 속에서 생각하지 않으면 인간이 누구이고 무엇을 위한 존재인지 결코 규명되지 않습니다.

그리고 하나님께서는 우리가 누구인지 알고 그분의 사랑이 어떠한지 보여주는 가장 분명한 곳으로 우리를 초청하셨습니다. 그곳이 바로 우리가 그분의 사랑 앞에 거꾸러질 수밖에 없었던 핏빛으로 물든 십자가입니다. 무엇 때문입니까? 왜 무한하시고 영원하시고 순결하신 그분이 당신에게는 없는 죄를 뒤집어 쓰시고 그렇게 처참하게 죽임을 당하시는 희생으로 나 같은 인간에게 생명을 주셨습니까? 주님이 대답하십니다. "내가 너를 사랑하기 때문이라."

우리가 어디서 이런 사랑을 만날 수 있겠습니까? 한편으로는 거룩하신 하나님 앞에서 한없는 두려움과 떨림을 느끼고, 다른 한편으로는 형언할 수 없는 신비에 이끌려 두려움 가운데에서도 나 같은 죄인을 그렇게 사랑하시는 완전한 사랑 속으로 들어가고 싶은 소원으로 가득 차는 곳은 바로 십자가 앞입니다. 오직 하나님의 사랑이 나타나는 거친 십자가 말입니다.

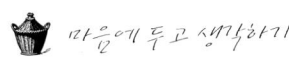
마음에 두고 생각하기

작가의 절절한 고백을 담은 찬송 가사가 있습니다. "그 사랑 받은 사람만 그 사랑 알도다." 지금 여러분은 이 고백을 할 수 있습니까?

경건은 하나님을 사랑하는 것입니다

"한 사람이 두 주인을 섬기지 못할 것이니 혹 이를 미워하며 저를 사랑하거나
혹 이를 중히 여기며 저를 경히 여김이라
너희가 하나님과 재물을 겸하여 섬기지 못하느니라"(마 6:24).

모든 사람은 두 가지 대상만을 사랑합니다. 하나님, 아니면 자기 자신입니다. 돈이나 명예 혹은 물질적인 것들을 사랑하는 것도 그것을 통해서 자기 자신을 기쁘게 하기 위함이니, 모두 자기 사랑의 또 다른 형태일 뿐입니다. 사람은 모두 태어날 때부터 하나님에 대한 적개심을 가지고 태어나기 때문입니다.

하나님을 사랑하라는 것은 하나님만 사랑하라는 뜻입니다. 사람은 하나의 대상만을 사랑할 수 있기 때문입니다마 6:24. 하나님을 사랑한다는 것은 내가 살아가고 있는 이 우주의 중심은 바로 '나'이고, 나의 환경들은 내가 원하는 대로 움직여져야 하고, 나에게는 행복만이 있어야 한다는 자기 사랑을 포기하는 것입니다.

그렇지 않은 것은 하나님을 사랑하는 것이라 보기 어렵습니다. 하나님을 나를 위해 존재하는 하나님, 나를 위해 내가 원하는 대로 움직여 주셔야 하는 하나님, 나의 행복을 위해 일하시는 하나님으로 알고 있는 것은 하나님을 바로 알지 못할 뿐더러 하나님을 사랑하는 것도 아닙니다.

경건은 이렇게 자기 사랑을 뿌리째 뽑아 버리고 하나님만 사랑하는 것을 의미합니다. 내가 하나님의 영광을 위해 존재하고 내가 하나님의 뜻대로 움직이길 원하는 것입니다. 그러므로 하나님을 향한 참된 사랑은 반드시 순종을 동반합니다.

그리고 그 사랑을 만나는 곳은 십자가 앞입니다. 하나님께서 내 기도를 들어주셨다는 이유만으로, 하나님께서 내가 원하는 것을 해주실 것이라는 기대 때문에 하나님을 사랑한다면 그것은 하나님이 원하시는 사랑이 아닙니다. 나의 큰 죄를 어찌할 수 없어 좌절할 때 나를 찾아와 용서하시는 하나님을 만나고 그 자비와 긍휼 앞에 거꾸러져 사랑의 하나님을 사랑하고 싶은 마음이 드는 것입니다.

사랑하는 여러분! 여러분의 하나님을 향한 사랑은 어떻습니까? 이 세상에 썩어질 것들에도 충분히 줄 수 있는 그러한 사랑입니까? 하나님은 그런 것을 받으실 분이 아닙니다. 경건한 신자는 자기 자신이 아닌 하나님만을 사랑하는 사람입니다.

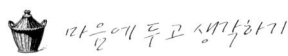
마음에 두고 생각하기

요즘 젊은이들이 즐겨 사용하는 말이 있습니다. '꽂혔다'는 말입니다. 그것은 어떤 사물이나 사람에 마음이 빼앗겨 다른 것들은 눈에 들어오지 않고 그것만 보인다는 의미입니다. 우리는 하나님께 꽂힌 사람이 되어야 합니다. 예배를 드려도 하나님을 사랑해서, 영혼을 섬겨도 하나님을 사랑해서, 공부를 해도 하나님을 사랑해서, 집안일을 해도 하나님을 사랑해서, 밥을 먹어도 하나님을 사랑해서 하는 사람이 경건한 사람입니다.

경건은 삶의 체계입니다

"그런즉 사랑하는 자들아 이 약속을 가진 우리가 하나님을 두려워하는 가운데서 거룩함을 온전히 이루어 육과 영의 온갖 더러운 것에서 자신을 깨끗케 하자"(고후 7:1).

런던에 가면 휴 라티머Hugh Latimer, 니콜라스 리들리Nicholas Ridley, 토마스 크랜머Thomas Cranmer 세 사람이 순교당한 장면을 연출한 동상을 볼 수 있습니다. 이들이 순교당한 것은 메리Mary I 여왕이 로마 가톨릭으로 개종할 것을 요구하며 많은 개신교도를 핍박했기 때문입니다.

그때 유명한 개혁자 크랜머는 핍박을 못 이기고 잠시 생각을 바꿔 가톨릭으로 개종하겠다는 서약서에 서명을 하였습니다. 그러다 나중에 이것이 잘못이라는 사실을 깨닫고 즉시 회개하고 순교를 당합니다. 그때 그는 "내 오른손을 먼저 불태우시오. 왜냐하면 나의 이 손이 잠시 주님 앞에 변절하였기 때문입니다."라고 말하며 자신의 손을 먼저 불태우고 장렬하게 화형에 처해졌습니다.

이렇게 주를 위해 장렬히 죽어갔던 순교자의 역사가 우리에게 던지는 메시지는 무엇입니까? 바로 그리스도의 복음이 그들을 통해 전파되었던 이유는 그렇게 하나님을 경외하는 그들의 삶에 복음이 선명하게 드러났기 때문입니다. 죽임을 당하는 자들이 죽이는 자들을 두려워한 것이 아니라, 죽이는 자들이 오히려 죽임을 당하는 자들을 두려워할 만큼 그리스도의 복음이 그들 안에 선명하게 나타났던 것입니다.

무엇 때문입니까? 그들의 온 영혼과 마음, 그리고 삶을 지배하고 있던 경건 때문이었습니다. 자신과 같은 인간을 용서하신 하나님의 엄위와 그 사랑이 그들을 붙들고 있었던 것입니다. 그것이 영혼과 마음, 삶 전체를 한 덩어리로 묶는 체계가 되었기 때문에 순교자들은 "나는 예수님을 모릅니다."라고 부인할 수 없었던 것입니다.

주님을 향한 진실한 사랑으로부터 나온 삶의 체계는 쉽게 허물어지지 않습니다. 우리가 그렇게 바람개비처럼 바람 불면 부는 대로 아무렇게나 살아가는 이유는 경건 그 자체가 우리의 영혼과 마음, 삶을 아우르는 체계가 되지 않았기 때문입니다.

그리고 이 경건은 끊임없는 십자가의 경험과 빛 안에서 삶 전체를 하나님께 온전히 바치고자 하는 진지한 헌신으로 생겨나는 것입니다. 이것을 가져야 하나님 앞에 바로 살아갈 수 있습니다. 그리고 이것이 교회의 능력이기도 합니다.

그러면 우리가 무엇을 해야 되겠습니까? 십자가로 돌아가야 합니다. 다시 십자가로 돌아가야 합니다. 그분이 십자가를 지고 걸어가셨던 그 길, 그분이 못 박혀 죽으셨던 바로 그 자리로 돌아가야 합니다. 십자가 앞에서 가슴을 두드리며 "그 피로 내 죄 씻었네."라고 눈물로 고백할 수 있어야 합니다.

나는 아무것도 아니며 나 같은 인간을 구원하기 위해서 이 세상에 오신 그리스도와 그를 이 세상에 보내신 하나님 아버지의 가슴 저미는 사랑 외에는 아무것도 보이지 않고 들리지 않고 느껴지지 않는 그곳으로, 세상도 나도 없고 구속한 주만 보이는 그곳으로 돌아가야 합니다. 그래서 생명이 없는 것들에 마음을 쏟았던 지난날들을 회개하고 오직 십자가로 돌아가서 이 소중한 경건을 회복해야 합니다.

 마음에 두고 생각하기

만약 거룩한 두려움을 갖추었다면 자연스레 하나님이 무엇을 금하시는가 생각하게 될 것이고, 또 하나님을 사랑하게 되면 그것에 만족하지 않고 하나님을 진정으로 기쁘시게 하는 것은 무엇일까 생각할 것입니다. 그러면 순종하는 삶도 경건이라는 크고 깊은 강을 원류로 하는 맑은 시냇물처럼 흘러나오게 되지 않겠습니까? 하나님께 합당한 사랑, 그리고 하나님을 향한 두렵고 떨리는 마음이 있다면 경건한 삶도 반드시 거기에 함께 있을 것입니다.

경건은 진리에 대한 선명한 지식과 하나님을 향한 두려움을 동반한 뜨거운 사랑의 융합을 통해서 이루어집니다

"오직 우리 주 곧 구주 예수 그리스도의 은혜와 저를 아는 지식에서 자라가라
영광이 이제와 영원한 날까지 저에게 있을지어다"(벤후 3:18).

얼음장 같은 추위가 몰려와 양 볼과 귀와 코는 빨갛게 얼고 입술은 움직여지지도 않을 만큼 추운 날, 길을 걷다 장작불을 발견하면 모르는 사람들이라도 그 틈바구니 속에 들어가 함께 추위를 녹이고 싶습니다. 그런데 그 장작불의 장작이 다 떨어지면 삼킬 듯 타오르던 불길도 점차 사그라져 갑니다. 가까이 가기가 두렵게 치솟던 불길도 말입니다.

경건과 지식의 관계도 이러합니다. 경건이 불이라고 한다면, 체계적으로 정리된 하나님의 말씀에 대한 지식과 사상은 거기에 던져지는 장작이라 할 수 있습니다. 그렇기 때문에 계속해서 진리의 말씀을 배우고 체계적인 지식을 쌓아야 합니다.

그런데 많은 사람들이 그럴 필요가 없다고 생각합니다. 그렇게 피곤하게 신앙생활을 할 필요가 없다는 것입니다. 그러나 하나님 말씀에 대한 체계적인 지식 없이 그때 그때의 느낌과 감정에 의해 살다 보면 일관성 없는 신앙생활이 될 뿐입니다. 알지 못하고 행한 선한 행실은 칭찬받을 것이 없습니다. 모르고 행한 것이기 때문입니다.

이러한 가운데 신앙의 형식만을 유지하며 살아가려고 하니 마음

과 생각은 나누어지고 교회생활과 자신의 의무 등이 뒤범벅되어 정리가 되지를 않습니다. 또 왜 하나님 앞에서 기도하지 않으면 안 되는지, 왜 성경과 경건 서적들을 끊임없이 읽고 묵상하면서 진리의 말씀을 따라 살지 않으면 곤고할 수밖에 없는지 체계적으로 정리가 되어 있지 않습니다.

그러다가 조금만 견디기 힘든 일이 생기면 괴로워하면서 한번만 도와 달라고 하나님께 부르짖습니다. 그래서 "한번만 도와주시면 이것도 할 것이고, 저것도 하겠습니다."라고 맹세를 하지만 실제로 하나님께서 도와주셔도 까맣게 잊어버리고 의무를 이행하지 않습니다.

또한 교회에서 섬긴다는 것이 자신의 신앙에서 무슨 의미를 갖는지 모릅니다. 할 만할 때는 일을 시켜 주지 않으면 상처를 받고, 어려움이 닥치면 하루아침에 그만두기도 합니다. 모든 지혜와 사랑에 뛰어나신 하나님께서 이러한 우리의 모습을 위에서 내려다보신다고 한번 생각해 보십시오. 신앙이 아니라 변덕처럼 보이지 않겠습니까?

이처럼 지식이 없는 가운데서는 경건이 있을 수 없습니다. 일시적인 충동, 하나님을 향한 단회적인 사랑, 어떤 종교적인 느낌은 결코 경건이 아닙니다.

그러므로 경건은 믿음으로 얻은 진리에 대한 선명한 지식과 하나님을 향한 두려움을 동반한 뜨거운 사랑의 융합을 통해서 이루어집니다. 그래서 한편으로 열렬하게 기도하여 마음이 기경되고 변화되면 하나님의 말씀에 대한 미각이 살아나 깨달음이 쏟아지고 말씀에 대한 감격이 살아납니다.

또 한편으로 하나님의 말씀을 잘 깨닫게 되면 예전에는 생각하지 못했던 기도의 제목들이 떠오르기 시작하면서 깊은 기도 속으로 빨려 들어가게 됩니다.

이렇게 말씀과 기도로 함께 다져지게 되면 혼란은 없어지고 하나님 앞에 마음과 생각이 깨끗하게 정돈되어서 내가 어디로부터 와서 어디를 향해 가야 하는지, 또 내 주변에서 일어나는 많은 일들은 어떤 의미를 가지고 있는지 분명히 알게 됩니다. 자신의 소명, 섬김, 기도와 말씀, 이 모든 것들이 어떻게 하나의 질서 속에서 연결되는지 분명하게 정리되는 것입니다.

그러므로 여러분은 자신의 신앙생활을 잘 살펴보아야 합니다. 하나님의 말씀 배우기를 게을리 하여 진리의 말씀에 대한 깨달음 없이 그때 그때의 감정에 따라서 신앙생활을 하는 것은 아닌지 말입니다. 진리에 대한 바른 지식이 없으면 그 사람의 경건한 모습도 일시적인 충동일 뿐입니다.

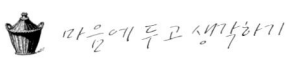
마음에 두고 생각하기

물건을 훔치러 편의점에 들어온 도둑이 월드컵 경기 중계에 정신이 팔려 그곳에 있는 사람들과 함께 열렬히 응원을 하였다고 합시다. 그것이 애국심입니까? 그렇지 않습니다. 예수 믿는 사람들과 함께 섞여서 갖는 감정의 변화라고 해서 모두 경건일 수 없습니다.

하나님과의 만남이
경건을 가능하게 합니다

"나를 사랑하는 자들이 나의 사랑을 입으며 나를 간절히 찾는 자가 나를 만날 것이니라"(잠 8:17).

신앙생활에서 하나님의 말씀을 통해서 진리를 깨닫는 것과 하나님을 사랑하는 것, 이 둘은 따로 떼어놓고 생각할 수 없는 것들입니다. 사랑과 지식이 하나로 온전히 합치되는 것이 신앙생활입니다.

하나님의 말씀을 통해서 진리를 터득하고, 그 진리를 통해서 우리에게 전달되는 하나님의 마음을 깨닫고, 또한 그러한 깨달음 안에서 그분을 두려워하면서도 그분께 사랑으로 이끌리는 것이 정상적인 은혜 체험입니다. 이렇게 하나님과의 교제가 계속적으로 이루어져야 경건에 진보가 있는 것입니다. 그렇다면 이러한 하나님과의 만남은 어떻게 이루어질 수 있을까요? 말로는 설명할 수 없는 경건의 그 신비하고 비밀스러운 세계로 들어가는 길은 무엇일까요?

그 만남은 하나님께서 문을 열어 주시는 것으로 시작합니다. 그리고 하나님을 만나게 하는 것은 외형적인 어떤 것이 아니라 하나님을 간절히 바라는 마음의 집중입니다. 우리는 이것을 가슴 깊이 새겨야 합니다. 모든 경건이 여기에서 시작되기 때문입니다. 그래서 어떤 마음의 상태에서 예배를 드리고 성경을 읽고 기도를 드리느냐가, 무슨 내용으로 기도를 하고 성경을 읽느냐보다 더 중요한 것입니다.

그런데 오늘날 많은 사람들이 초점이 맞지 않는 사진을 찍는 것처럼 신앙생활을 하고 있습니다. 우리가 집중해야 할 대상은 오직 하나님 한 분이라는 가장 중요한 사실을 잊어버린 것입니다. 예배를 드린다면 무슨 목적으로 예배를 드리는지, 기도하러 왔으면 무엇을 위해 기도하는지, 봉사를 한다면 하나님이 이 일을 왜 나에게 맡기셨고 내가 여기서 섬기는 이유는 무엇인지에 대해 분명한 생각도 없습니다.

그런 생각 없이 떠밀리듯 살면 결코 기도를 통해서나 예배를 통해서나 일을 통해서나 그 무엇을 통해서도 주님을 만날 수 없습니다. 그러므로 비록 죄 가운데 있는 사람이라 할지라도 그에게 가장 중요한 것은 진리의 말씀을 통해 하나님을 향하여 집중된 마음을 갖는 것입니다. 나에게 전달되는 진리의 주인이신 '주님'을 만나고자 하는 간절한 소망을 가지고 하나님 앞에 마음을 모으십시오. 그러면 매일 듣는 설교에서도 매일 읽는 성경에서도 그야말로 두렵고 떨리면서도 가까이하고 싶은 사랑의 이끌림 가운데 자신에게 속삭이시는 주님의 음성을 들을 수 있습니다.

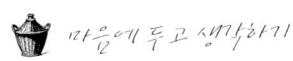
마음에 두고 생각하기

여러분은 무엇으로 하나님을 만나고자 하였습니까? 하나님과의 만남은 그 사람으로 하여금 하나님을 향한 마음을 더욱 새롭게 하여 경건한 성도로 굳건하게 세워지도록 합니다.

경건의 삶은 매일 반복되어야 합니다

"주의 규례를 항상 사모함으로 내 마음이 상하나이다"(시 119:20).

많은 그리스도인이 교회에서 하는 여름 수련회를 기다립니다. 지체들과의 교제, 여러 가지 프로그램은 차치하고 수련회를 기다리는 이유는 대부분 큰 은혜를 받기 원하기 때문일 것입니다. 평소 주일 예배에서 받지 못했던 은혜를 이번에 한번 크게 받아보자는 마음이 있을 수 있습니다. 그러나 하나님께서 사람에게 주시는 은혜는 그런 것이 아닙니다. 한번 주시고 나면 호주머니에 찔러 넣고 필요할 때마다 꺼내 쓰는 것이 아니라는 말입니다. 코드를 빼 버리면 바로 작동을 멈추는 전기 제품처럼 우리도 하나님과 늘 친밀한 관계를 유지하며 은혜를 받아야 합니다.

경건도 마찬가지입니다. 중생하였어도 오래도록 기도하지 않거나 말씀에서 멀어지면 하나님께 집중하지 못하여 예배 때에도 말씀의 은혜를 받을 수 없습니다. 그렇게 영혼이 점점 혼탁해지면서 경건은커녕 미끄러지게 되는 것입니다.

하나님께서는 중생을 통하여 신자에게 영적인 것을 인식하게 하는 감각과 새로운 사랑의 질서가 생겨나게 하신다고 앞서 언급하였습니다. 그리고 경건은 이 두 가지 안에서 자라납니다. 경건의 삶이 매일 반복되어야 하는 이유가 여기에 있습니다. 거듭난 신자 안에 있는 이 경건도 한계를 가지고 있다는 것인데, 중생을 통해 우리에게 주신 새로운 감각, 즉 인식하는 기능과 그것의 좋고 싫음을 느끼는 마음의 감각은 항구적이지 않기 때문입니다.

그러면 우리는 어떻게 해야 할까요? 자신이 지은 죄에 대한 하나님의 두려우신 반응을 생각하면서 진실하게 회개하고, 그럼에도 불구하고 자기를 용서하고자 다가오셔서 베풀어 주시는 하나님의 큰 사랑을 경험하는 십자가의 경험이 매일 매일의 삶 속에서 반복되어야 합니다. 그렇지 않으면 하나님이 세워 주신 이 성향은 탄탄하게 유지되지 않습니다. 그러면 죄 된 것과 그렇지 않은 것을 구별하지 못하고 죄 된 것에 매력을 느끼고 자꾸 이끌리게 되는 것입니다.

그러므로 이런 경험들이 매일의 삶 속에서 반복되어야 견고해지고 성장할 수 있습니다. 그렇게 중생을 통해 주어진 마음의 새로운 감각을 유지할 때 하나님의 아름다움은 그 사람으로 하여금 그 아름다움에 젖어 하나님을 찬미케 하는 것입니다.

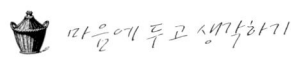

사랑하는 여러분, 참된 신자는 날마다 하나님의 은혜를 구하는 자입니다. 여러분이 교회 수련회에서 기대하는 은혜를 아침마다 간구해 보십시오. 분명 하나님께서 큰 은혜를 부어 주실 것입니다.

경건을 위해서
경건한 마음의 틀을 유지해야 합니다

"오직 오늘이라 일컫는 동안에 매일 피차 권면하여
너희 중에 누구든지 죄의 유혹으로 강퍅케 됨을 면하라"(히 3:13).

여러분은 이런 생각을 해본 적이 없습니까? '같은 말씀인데도 어떤 때는 아무 느낌이 없고 건조하기만 한데 또 어떤 때는 왜 그토록 감격하고 은혜를 받았을까?' 라고 말입니다. 그것은 감각의 예민함이 달랐기 때문입니다. 즉 성향 자체가 하나님의 말씀을 사랑하고 사모하는 성향이 있을 때에는 그 말씀에 민감하게 반응하고 깊이 깨달을 수 있으나 그러한 성향이 없다면 반응할 수 없는 것입니다.

그런데 이처럼 인식하는 기능은 마음 안의 틀과 밀접한 관계가 있고 욕망에 의해 큰 영향을 받습니다. 마음이 더럽고 사악한 욕망에 붙잡히게 되면 이 틀들은 붕괴됩니다.

그러나 기도를 통해서 더러운 욕망들을 털어내고, 하나님의 말씀을 통해 그리스도의 아름다움을 발견하게 되면 새로이 경건의 틀이 형성됩니다. 그리고 이 틀, 즉 성향은 자신과 잘 맞는 것을 계속 흡수하면서 힘을 얻게 됩니다.

그렇다면 그러한 경건한 마음의 틀의 핵심은 무엇일까요? 바로 하나님께 대한 두려움, 그리고 말할 수 없이 하나님께 깊이 끌리는 사랑입니다. 사랑이 없는 반쪽짜리 두려움은 절대로 온전한 두려움일 수 없고 하나님을 향한 온전한 경건을 이루지 못합니다. 올바른 두려움이 없는 사랑도 마찬가지입니다. 자칫 방종으로 흐를 수 있습니다.

그러므로 두 가지가 융합되어야 합니다. 하나님을 향한 사랑의 마음이 탄탄한 틀을 형성하면서 그 틀들은 내적으로는 두려움과 사랑의 감정을 갖게 만들고 외적으로는 하나님을 경외하는 삶을 살아가게 합니다.

그때 신자는 삶 구석구석에서 모든 부분을 하나님께 전부 드리고 싶어 합니다. 그러면 그것이 그의 삶 전체를 아우르는 하나의 경건한 체계를 형성하고 영혼과 성향, 마음 그리고 삶, 모든 것이 하나의 덩어리가 되어서 하나의 틀로 움직이는 것입니다. 그리고 이것은 바로 하나님께서 하나님의 자녀들에게 요구하시는 삶입니다.

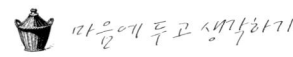
마음에 두고 생각하기

많은 사람들이 눈에 보이지 않는 죄 앞에서 실패를 경험합니다. '이것 한번 잘못한다고 뭐가 어떻게 되겠어?' 하는 생각 때문입니다. 그러나 이것은 잘못된 생각입니다. 그 한 번의 죄가 쌓이고 모여서 마음의 틀을 서서히 망가뜨리기 때문입니다. 경건도 마찬가지입니다. 우리가 날마다 하나님 앞에 나아가 그분의 사랑을 경험하고 그분과 교제한다면 망가뜨려졌던 마음의 틀이 온전히 세워질 것입니다.

경건의 진보가 있습니까?

"오직 사랑 안에서 참된 것을 하여 범사에 그에게까지 자랄지라 그는 머리니 곧 그리스도라"(엡 4:15).

여러분은 아마 대부분 하나님을 깊이 만나고 십자가를 경험한 사람들일 것입니다. 간증할 내용도 많을 것이라 생각됩니다. 그렇다면 묻고 싶은 것이 하나 있습니다.

경건의 진보가 있습니까? 주님을 처음 만났을 때보다 더 깊어진 사랑이 있습니까? 하나님의 아름다우심을 날마다 발견하며 그로 인해 하나님을 더 사랑하게 되고, 그러면서도 그러한 사랑의 감정으로 인해 매순간 하나님의 말씀의 법에 따라 살고자 하는 두려움과 떨림이 있습니까? 거룩한 삶의 영향력이 확장되어 가는 경건의 진보가 있느냐는 말입니다.

그렇지 못하다면 경건의 의무를 다하고 있는지 생각해 보십시오. 경건의 진보에 있어서 우리의 의무는 이것입니다. 첫째는 이해를 하든지 못하든지 먼저 예배 시간에 하나님의 말씀을 잘 깨달으려 하고 성경을 체계적으로 배우는 것이고, 둘째는 진리의 말씀을 어린아이처럼 믿으면서 하나님을 사랑하려고 애쓰는 것입니다.

경건의 진보가 있기 위해서는 이러한 의무를 다해야 할 뿐만 아니라 이러한 의무를 이행하는 가운데 하나님과의 만남이 지속적으로 있어야 합니다. 수시로 십자가 앞에 나아가 하나님께서 나 같은 인간을 그토록 사랑하신다는 것에 감격하고 눈물을 흘려야 합니다.

그리고 이렇게 달콤하고 아름다우며 행복한 순간뿐만 아니라 아무에게도 말하지 않은 나의 죄를 하나님의 엄위하심 앞에 낱낱이 고하며 용서를 구하는 순간도 지속적으로 반복되어야 합니다. 또 유혹을 받을 때는 하나님을 두려워하는 마음을 가지고 그분 앞에 나아가야 합니다. 이러한 것들이 모두 반복적으로 경험되어야 하는 것입니다.

우리들이 하나님과 잇대인 가운데 하나님께서 성령의 역사로 우리 영혼과 마음에 경건한 영향력을 계속 끼치실 때 경건을 소유할 뿐만 아니라 또한 유지할 수 있는 것처럼 경건의 진보에 있어서도 그렇습니다. 지속적으로 말씀에 대해 깨닫고, 하나님과 사랑의 교제를 나누며, 자신의 삶 전체를 하나님 앞에 구별하여 드리고자 하는 온전한 순종의 삶에서 경건이 물과 양분을 먹고 자라는 것입니다. 마치 작은 나무가 세월을 견디면서 거목이 되어 가듯 말입니다.

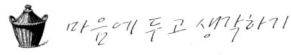
마음에 두고 생각하기

그 나이대의 아이들에 비해 키가 자라지 않는, 혹은 생각이 자라지 않는 자녀가 부모의 마음에 큰 근심거리이듯 하나님의 마음에도 경건의 진보가 없는 자녀는 근심거리입니다. 여러분은 경건의 진보를 위해서 어떤 노력을 하고 있습니까?

경건을 잃어버렸다면
처음부터 다시 시작하십시오

"그러므로 어디서 떨어진 것을 생각하고 회개하여 처음 행위를 가지라"(계 2:5上).

고속도로를 운전하다가 길을 잘못 든 적이 있습니까? 고속도로가 아니라 일반도로라면 길들이 이러 저리 연결되어 있어서 조금 둘러간다 하더라도 목적지에 도착하는 것이 가능하지만 고속도로는 그것이 쉽지 않습니다.

고속도로에서 길을 잘못 들면 그 사실을 깨닫자마자 바로 차를 돌리려고 길을 찾는 사람이 현명한 사람입니다. 잘못 들어선 그 자리로 다시 돌아가는 것이 현명한 처사라는 것입니다.

여러분은 나 자신의 신앙이 어떻게 자라가고 있는지 한번 진지하게 생각해 본 적이 있습니까? 어떤 사람들은 자신의 신앙에 무슨 문제가 있는지 알고 있는데도 그렇게 아는 것에만 만족하고 살아갑니다.

여러분 중에는 다음과 같이 신앙생활을 하는 사람도 있을 것입니다. 일시적으로 은혜 받기도 하고, 마음에 감동이 되면 헌금도 하고, 교회에서 직분을 맡겨 주면 열심히 해보려고 하였을 것입니다.

그런데 그렇다고 해서 5년 전보다 더 행복하다고 말할 수도 없고 더군다나 큰 은혜를 주신 예수를 이전보다 더욱 사랑한다고 고백할 수 있는 사람은 매우 소수입니다. 5년 후에는 형편이 더 나아지겠습니까? 10년 후에는 마음껏 신앙생활 할 것이라고 생각하고 있습니까? 아닙니다. 이대로라면 허무하게 세월만 흘러갈 것입니다.

그러면 도대체 어떻게 해야 할까요? 마음 놓고 죄 짓지도 못하고, 또 그렇다고 해서 죄를 미워해서 거룩한 삶을 사는 것도 아닙니다. 한 발은 교회에, 한 발은 세상에 둔 정체불명의 신앙생활로 얻을 수 있는 것이 무엇이겠습니까?

그러므로 결단하십시오. 전부 허물어 버려야 합니다. 토대가 아닌 것들을 모두 허물고 다시 새롭게 쌓아야 합니다. 처음부터 다시 시작해야 합니다. 단 일주일을 살다가 죽어도 참된 신앙의 기쁨, 기독교 신앙의 정수精髓를 누리면서 살아가야 하지 않겠습니까?

먼저 부산한 마음을 모두 정리하십시오. 다른 사람들이 어떻게 믿는지는 생각하지 말고 진리의 말씀을 통해 참으로 주님을 만나고 싶고 참된 신앙을 찾고 싶다는 구도자의 마음을 가지고 어린아이처럼 기도해야 합니다. 이것이 길을 바로 찾는 현명한 처사입니다.

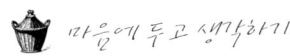
마음에 두고 생각하기

지금부터 간절히 기도하십시오. 주님을 만나 잃어버린 경건을 되찾고, 그 경건 안에서 아름답게 자라가는 성도가 되기를 말입니다. 그리고 경건을 소유하여 거목처럼 자라 '이 시대'라는 산을 휘감으며 하나님의 영광을 나타낼 수 있도록 말입니다.

경건을 이루는 기도생활은 개인과 공동체의 기도가 함께 가야 합니다

경건을 위한 기도의 삶, 그리스도께서 보여주신 삶입니다

경건으로 향하기 위해서는 날마다 기도하는 습관이 필요합니다

경건한 삶은 우리를 하나님과의 친밀함으로 이끕니다

능력의 기도 속에는 경건이 배어 있습니다

경건을 위해서는 먼저 삶을 꼼꼼히 살펴봐야 합니다

경건의 삶을 위한 기도는 정사의 삶을 통해 이루어집니다

마음에서 길어 올린 기도가 우리를 경건에 이르게 합니다

갈망은 마음에서 우러나오는 경건의 기도를 가능케 합니다

금식은 경건생활에서 부딪히는 한계를 뛰어넘게 합니다

앞서간 신앙의 선배들의 경건의 비결은 금식이었습니다

경건생활의 비결이 되는 금식의 정신은 겸비입니다

금식이 삶의 개혁과 함께 이루어질 때 참된 경건에 이를 수 있습니다

경건한 기도생활을 위해서는 사고의 기능이 가지런해야 합니다

근신하여 기도할 때 경건에 이를 수 있습니다

마지막 때를 경건으로 살아가는 비결, 역시 기도입니다

Secret of Piety

경건을 위한 기도생활

경건을 이루는 기도생활은
개인과 공동체의 기도가 함께 가야 합니다

"이에 가르쳐 이르시되 기록된 바 내 집은 만민의 기도하는 집이라 칭함을 받으리라고 하지 아니하였느냐 너희는 강도의 굴혈을 만들었도다 하시매"(막 11:17).

아궁이가 여럿인 시골집에서 아궁이들 각각에 불을 놓을 때 한꺼번에 불을 놓지 않습니다. 아궁이 하나에 먼저 불을 피운 다음, 그 불씨를 옮겨 다른 아궁이를 달굽니다. 불길이 올라 탁탁 소리를 내며 신나게 타고 있는 뻘건 불씨 몇 개를 빼다가, 냉기가 도는 아궁이에 넣는 것입니다.

얼어 있던 새 아궁이가 데워질 때까지는 그 전까지 아무리 뜨겁게 타오르던 불씨라 하더라도 찬 기운에 밀려 급격히 약해집니다. 그러나 센 불씨를 빼내 온 아궁이는 다릅니다. 큰 불씨가 다 빠져나갔는데도, 거기에 새 장작을 얹어 놓으면 불길이 사그라지기는커녕 생장작을 휘감아 금세 불을 옮겨 놓습니다.

우리의 기도생활도 마찬가지입니다. 경건한 삶을 살고자 하는 신자에게 필수적인 기도생활에 있어서, 성경은 개인적인 기도와 함께 온 교회 혹은 두세 사람이 모여 하나님 앞에 간구하는 공동체적인 기도를 모두 강조합니다.

이 두 기도는 항상 함께 가야 합니다. 개인 기도만을 중시하고 공동체로 모여서 드리는 기도를 소홀히 하거나, 혹은 공동체로 모였을 때만 기도하고 개인적으로는 전혀 하나님 앞에 나아가지 않는 태도는 우리를 참된 경건으로 인도할 수 없습니다.

그것은 하나님께서 우리를 한 개인이 아니라 교회로 부르신 이유와도 연결됩니다. 우리의 연약함을 지극히 잘 알고 계신 하나님은, 우리가 '혼자 예수님 잘 믿고 천국가면 끝!'이 아니라 서로간의 연합과 하나 됨을 통해 선을 이뤄가게 하신 것입니다.

그래서 개인적인 기도의 삶에서 각자 활활 타오르던 사람들이 주일예배나 기도회 시간에 공동체로 모여서 기도하면 그 기도는 압도적인 힘을 발휘하게 됩니다.

더욱 놀라운 사실은 모진 세파에 시달려 꽁꽁 얼어붙은 마음을 가지고 교회당에 찾아온 사람들이라 할지라도, 공동체의 연합된 기도 속에서 더듬더듬 기도를 시작하면 그 뜨거운 불길 속에서 마음이 녹고 찬 기운이 풀려 함께 타오르게 된다는 것입니다. 이것이 주께서 피로 값 주고 사신 교회가 갖는 유익이며 하나님께서 교회를 주신 이유입니다.

주님께서는 교회를 "만민이 기도하는 집"막 11:17이라 하셨습니다. 교회를 기도하는 집으로 만들기 위해서는 우리 각자의 노력이 필요합니다. 한 사람 한 사람이 개인적인 기도생활에서뿐만 아니라 교회에 나와서 함께 눈물을 뿌리며 영혼과 교회 그리고 나라를 위해 간절히 간구하는 기도생활에서도 승리하여야 합니다.

그리고 개인 기도만으로 충분하다고 생각하지 말고 부지런히 교회 공동체가 기도하는 자리에 참석하여야 합니다. 이렇게 함으로써 교회는 기도하는 집으로 지어져 가고 공동체는 함께 경건을 이루어 가도록 하나님께서 뜻하신 것입니다.

 마음에 두고 생각하기

개인과 공동체는 분리될 수 없습니다. 경건을 이루는 기도생활에 있어서도 그러합니다. 개인의 삶의 터전에서 부지런히 기도하여 마음에 경건의 불꽃을 유지하십시오. 그리고 공동체로 모여 기도하는 것 또한 소홀히 하지 마십시오. 공동체적인 기도를 통해 기도의 불꽃은 더 활활 타오를 뿐 아니라, 누군가의 얼어붙은 마음을 녹여 교회 공동체 전체가 경건에 이르도록 하기 때문입니다.

경건을 위한 기도의 삶,
그리스도께서 보여주신 삶입니다

"새벽 오히려 미명에 예수께서 일어나 나가
한적한 곳으로 가사 거기서 기도하시더니"(막 1:35).

신자는 말씀이 없으면 무법한 자가 되고, 기도가 없으면 살아있으나 죽은 자와 방불한 삶을 살게 됩니다. 누군가 말하길 기도만 하고 말씀을 보지 않는 것은 구슬을 심고 물을 주는 것과 같고, 말씀만 보고 기도하지 않는 것은 씨앗을 심고 물을 주지 않는 것과 같다고 했습니다. 우리는 말씀의 씨앗을 심고 그 씨앗이 내 삶에 싹틔우도록 기도의 물을 충분히 주어야 합니다.

예수님께서는 자신의 생애를 통해 그런 기도의 삶을 직접 보여주셨습니다. 예수님의 생애는 머리 둘 곳도 없는 늘 고단한 삶의 연속이었습니다. 친히 모든 성과 촌을 두루 다니시며 사람들을 가르치셨고 천국 복음을 전파하시며 모든 병과 모든 약한 것을 고쳐 주셨습니다마 9:35. 그분에게는 출근 시간도, 퇴근 시간도 없었습니다. 그분의 모든 시간은 우리의 것이었고 그분 자신의 헌신과 수고도 우리를 위한 것이었습니다.

그러나 우리를 위한 그분의 밤낮 없는 헌신적인 삶이 하나님께 홀로 기도하시는 시간을 잃어버리게 한 것은 결코 아니었습니다.

예수께서는 "새벽 오히려 미명에"막 1:35 기도하러 나서셨습니다.

'새벽 미명'은 원어 성경을 보면 '아직 어두울 때'라고 되어 있습니다. 새벽은 새벽인데 아직 밤중에 훨씬 가까운 시간을 가리킵니다. 예수님이 그 시간에 기도하러 나서신 이유는 무엇일까요? 이유는 간단합니다. 낮 시간에는 일을 하셔야 했기 때문입니다.

이 기록의 앞부분을 보면 낮 동안 예수님께서는 회당에서 말씀을 선포하시고 귀신들린 자를 고치셨으며 시몬의 장모의 열병을 낫게 하신 것을 알 수 있습니다. 그때도 이미 하루의 에너지가 많이 소진된 상태였을 것입니다.

그런데 저물어 해질녘에 사람들이 모든 병자와 귀신들린 자를 또 예수께 데려왔습니다. 성경은 "온 동네가 문 앞에 모였더라"고 표현하고 있습니다막 1:21-33. 그렇게 몰려든 수많은 병자들을 향해서 예수께서는 "이제는 피곤하고 또 기도해야 하니 다음에 와라."라고 말씀하지 않으시고 한 명 한 명 손수 고쳐 주셨습니다.

그리고 바로 다음날, "새벽 오히려 미명에" 기도하러 나서신 것입니다. 다른 시간들은 모두 섬김으로 채우시고 병자들이 찾아 올 수 없는 새벽과 깊은 밤을 기도의 시간으로 삼으셨습니다.

어두움이 채 가시지 않은 새벽 미명의 길을 걸어서 때로는 광야로 때로는 숲 속으로 들어가셨던 예수님의 뒷모습을 상상해 보십시오. 그분은 하나님이셨지만 육체를 입고 오신, 하나님이자 동시에 평범한 인간이셨습니다. 피곤하면 지치고, 굶으면 시장하며, 자지 않으면 졸린 그런 분이셨습니다. 우리와 똑같은 육체를 입으신 그분이 보여주신 삶은 기도하는 삶이었습니다.

신자가 날마다 경건의 능력을 소유한 삶을 살기 위해서는 무엇이 필요한지 손수 보여주신 것입니다.

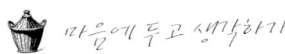 마음에 두고 생각하기

신자가 기도하기를 포기하는 것은 자기 안에 주님이 주신 생명이 있는 삶을 반납하고 죄에 매여 살기를 선택하는 것입니다. 예수님께서는 아무 죄가 없는 분이셨음에도 우리를 위해 기도의 본을 보이셨습니다. 바쁘다는 핑계로 개인적인 기도의 삶을 살지 않는 것은 예수님보다 자신이 훨씬 높다고 생각하는 것입니다.

경건으로 향하기 위해서는
날마다 기도하는 습관이 필요합니다

"형제들아 내가 그리스도 예수 우리 주 안에서 가진 바
너희에게 대한 나의 자랑을 두고 단언하노니 나는 날마다 죽노라"(고전 15:31).

분기마다 한 번씩 대청소만하고 평소에는 절대 청소하지 않는 집이 깨끗함을 유지할 수 있을까요? 여행을 떠나기 전 깨끗이 청소한 방도 일주일 후 돌아와 바닥을 손으로 쓱 쓸어 보면 어느새 작은 먼지들이 소복이 내려앉은 것을 보게 됩니다.

우리 영혼도 그렇습니다. 하루라도 경건을 위한 기도의 삶을 살지 않으면 우리 영혼에는 먼지가 쌓입니다. 그리고 시간이 지나면 그 먼지들은 두터워져 묵은 때가 됩니다. 창문에 때가 많이 끼면 밖을 또렷이 볼 수 없고 또한 강렬한 빛도 차단하듯, 우리 영혼의 때들은 우리를 거룩하신 하나님께로부터 멀어지게 합니다. 그래서 날마다 우리 영혼에 내려앉는 죄의 먼지를, 말씀의 세척제와 기도의 걸레로 싹 닦아내야 합니다.

경건에 이르는 다른 방도는 없습니다. 말씀을 보고 하나님 앞에 기도로 매일을 성실히 사는 것, 그것이 왕도입니다. 하루 이틀을 기도하지 않고 살 때는 괄목할 만한 문제가 일어나지 않는 것 같습니다. 하지만 분명한 사실은, 그 사람의 경건한 삶은 서서히 침식되어가 언젠가는 반드시 붕괴되고 만다는 것입니다.

그래서 사도 바울은 "나는 날마다 죽노라"고전 15:31고 고백했습니다. 그가 날마다 죽어야 했던 이유는 무엇입니까? 무엇이 그로 하여금 죽지 않을 수 없게 한 것입니까? 그는 자신의 지체 속에서 마음의 법과 싸워 자신을 죄의 법 아래로 사로잡아 오는 강력한 다른 한 법, 곧 자신을 삼키려 하는 죄의 세력이 있음을 발견했습니다롬 7:23. 그래서 사도는 자신의 육체의 욕망에 대해서 날마다 죽어야만 했던 것입니다.

엄습해 오는 죄의 영향력을 끊고 우리를 사랑하시는 아버지의 품으로 돌아가는 길은 그렇게 매일 무릎으로 사는 길뿐입니다. 기도하지 못하고 살아 온 지난날들을 잊고 지금부터 다시 시작하십시오. 목적이 분명한 자기 생활의 규칙을 세우고 날마다 기도를 실천할 때, 우리 영혼은 경건한 삶의 왕도를 걸어 주님이 기뻐하시는 삶을 살아가고 있을 것입니다.

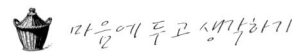
마음에 두고 생각하기

아침마다 우리 몸을 씻고 정돈하듯, 날마다 우리 영혼을 기도로 씻으며 살아가도록 구체적인 시간을 정하십시오. 우리 몸의 기도(氣道)가 막히면 죽는 것처럼, 우리 영혼도 기도(祈禱)가 막히면 죽습니다. 영혼의 호흡을 통해 하나님의 생명에 잇대어 살아가는 하루하루가 되기를 바랍니다.

경건한 삶은 우리를
하나님과의 친밀함으로 이끕니다

"네가 부를 때에는 나 여호와가 응답하겠고
네가 부르짖을 때에는 말하기를 내가 여기 있다 하리라" (사 58:9 上).

엄밀한 의미에서 경건한 생활이 우리 삶의 목표일 수는 없습니다. 그럼에도 불구하고 개인적인 경건의 삶에 대해서 우리가 끊임없이 도전받아야 하는 이유는, 성실한 경건의 삶을 살아야지만 거룩하신 하나님과의 친밀한 교제 안에 늘 살아갈 수 있기 때문입니다.

그러한 친밀함은 하나님과의 관계 속에 순발력을 형성합니다. "네가 부를 때에는 나 여호와가 응답하겠고 네가 부르짖을 때에는 말하기를 내가 여기 있다 하리라" 사 58:9上. 이 말씀에서 우리는 하나님과의 친밀한 관계에서 비롯된 놀라운 순발력을 보게 됩니다.

순발력이란 무엇입니까? 근육이 순간적으로 빨리 수축하면서 발휘되는 힘입니다. 순발력이 좋은 사람은 순간적으로 힘을 모아 빠르게 움직입니다. 하나님과의 관계 안에서 생겨난 순발력이란 기도 속에서 하나님을 부를 때 마치 우리 몸의 근육이 빠르게 움직이듯 하나님께서 조금도 지체하지 않으시고 응답하시는 것입니다.

그렇다면 하나님으로부터 이런 약속을 친히 받은 사람들은 어떤 이들입니까?

금식하고 기도하면서도 자기 마음에 뭐 하나가 걸리면 지체들과 다투고 싸우며 악한 주먹으로 사람을 치는 사람들이 아닙니다. 주린 자를 보면 모른 체하고 헐벗은 자나 도움을 요청하는 골육을 보면 피하는 사람들도 아닙니다. 그런 삶을 살아가면서 아무리 재 가운데 옷을 찢고 앉아 금식하며 기도한다 할지라도 하나님은 듣지 않겠다고 말씀하셨습니다사 58:5.

하나님께서는 하나님의 의로우심을 닮아 경건하게 살아가는 자들이 하나님을 부를 때 잠시도 지체치 않으시고 응답하시며, 또한 그들이 고통 속에 통곡하며 부르짖을 때 우는 아이에게 달려와 순식간에 아이를 안아 올려 달래는 엄마처럼 "내가 여기 있다. 걱정 말아라. 내가 여기 있다." 이렇게 말씀해 주시겠다 약속하시는 것입니다.

하나님의 이러한 약속을 받는 것은 얼마나 복된 일입니까? 모든 능력의 근원은 오직 하나님으로부터 말미암는 것이기에 하나님을 가까이 하는 것이야말로 신자에게는 최고의 능력이자 참된 복입니다시 73:28.

하나님과의 관계에서 막힘이 없이, 우리가 그분을 부를 때에 늘 가까이 계셔서 응답하시는 하나님과의 친밀함을 누리기 원합니까? 하나님 편에서의 순발력을 원한다면 하나님께서 우리를 부르실 때에 언제든 그분 앞에 경외함으로 설 수 있는 우리 편에서의 순발력 또한 키워야 합니다. 그러기 위해 경건에 이르기를 연습하십시오.

화염과 같이 쏟아지는 비상한 경건의 부흥이 없다고 하더라도, 어제나 오늘이나 늘 똑같은 일상의 반복이라고 하더라도 하나님 앞에서 매일 경건의 삶을 연습하고 실제로 경건의 삶을 살아가십시오.

그렇게 자신과 더불어 부지런히 싸우는 이들에게 하나님께서는 더욱 친밀한 자리를 허락해 주실 것입니다. 그곳에 서는 것이 그리스도인의 능력입니다.

 마음에 두고 생각하기

기도가 되든지 안 되든지 기도하고, 말씀 읽기가 좋든지 싫든지 읽으며, 경건을 실천하는 삶 속에서 경건에 이르기를 성실히 연습할 때 신자는 하나님과의 관계 안에서 막힘 없는 친밀함을 누릴 것입니다.

능력의 기도 속에는 경건이 배어 있습니다

> "경건의 모양은 있으나 경건의 능력은 부인하는 자니
> 이같은 자들에게서 네가 돌아서라"(딤후 3:5).

"은과 금은 내게 없거니와 내게 있는 것으로 네게 주노니 곧 나사렛 예수 그리스도의 이름으로 걸으라"행 3:6. 사도 베드로의 이 믿음의 기도로 나면서부터 앉은뱅이 되어 성전 미문에서 구걸하던 자가 나음을 입었습니다. 기이히 여기며 모여든 무리에게 베드로는 "이스라엘 사람들아 이 일을 왜 기이히 여기느냐 우리 개인의 권능과 경건으로 이 사람을 걷게 한 것처럼 왜 우리를 주목하느냐"행 3:12라고 반문합니다.

여기에 등장하는 "권능"은 원어로 '능력'과 같은 말입니다. 이 능력은 베드로가 지적한 것과 같이 개인에게 속해 있는 것이 아닙니다. 이 일은 명백하게 하나님께로부터 말미암은 것이었습니다.

그런데 우리가 주목하게 되는 것은 권능과 경건이, 즉 능력과 경건이 함께 등장한다는 것입니다. 성경은 여러 곳에서 이 두 단어를 묶어 놓고 있습니다.

하나님의 능력이 드러난 기도 속에는 경건이 배어 있습니다. 다시 말해 우리가 드리는 기도가 더욱 능력 있는 것으로 나타나기 위해서는 살아가는 삶의 모습이 경건해야 하며 우리의 심령이 경건으

로 채워져 있어야 한다는 것입니다. 그런 사람들이 하나님을 향해 기도할 때 하나님께서는 그 기도에 능력을 부으시고 기도를 통해 역사하시는 하나님의 살아 있는 증거들을 보여 주시는 것입니다.

예배가 끝남과 동시에 타는 목마름으로 세상을 향해 헐떡이며 달려가고, 기도의 자리를 떠나는 순간부터 불경건한 생각으로 영혼을 채우면서도 전혀 가책을 느끼지 않는, 세상과 다를 바 없이 살아가는 사람들에게서 이런 능력 있는 기도를 기대하는 것은 불가능합니다.

기도의 능력은 기도 속에서 하나님을 만나는 데서 비롯됩니다. 기도 속에서 하나님과 만나는 은혜가 있을 때 우리는 세상과 자기를 사랑하는 마음에서 돌이켜 자신의 정욕과의 싸움에서 승리를 경험하게 됩니다. 간구하고 부르짖는 가운데 그리스도와의 만남의 감격이 있기에, 기도를 마칠 때마다 그분을 닮은 성결과 그분을 닮은 경건의 심령으로 우리가 채워짐을 경험하고, 그 기도를 통해 경건한 삶을 살아가게 되는 것입니다.

 마음에 두고 생각하기

기도는 우리의 삶과 동떨어진 것이 아닙니다. 경건의 삶을 살아간 사람들에게 하나님께서는 기도의 능력을 부어 주셨고, 반대로 기도 속에서 하나님의 임재를 느끼며 살아간 사람들은 결국 경건의 삶을 살아가게 됐습니다.

경건을 위해서는
먼저 삶을 꼼꼼히 살펴봐야 합니다

"사람의 행위가 자기 보기에는 모두 정직하여도 여호와는 심령을 감찰하시느니라"(잠 21:2).

사랑에 빠지면 콩깍지가 씌었다고 합니다. 마치 앞 못 보는 장님처럼 눈이 멀어 사랑하는 대상의 단점을 객관적으로 볼 수 없게 되기 때문입니다. 그래서 때로는 그의 치명적인 단점도 사랑스러움으로 둔갑해 버립니다. 이것이 사랑의 놀라운 힘입니다. 그런데 우리는 누구를 가장 사랑합니까? 바로 우리 자신입니다. 때로는 주님보다도 자신을 더 사랑하려고 하는 것이 우리입니다.

그러므로 우리는 '정사'精査의 삶을 살아야 합니다. 여기서 정사란 꼼꼼히 살피고 면밀히 조사하는 것을 말합니다. 경건생활은 이 정사의 삶에서부터 시작됩니다. 왜냐하면 삶을 꼼꼼히 살펴 자신을 객관적으로 들여다본 사람들은 경건의 삶을 방해하는 요소들을 파악하고 거기로부터 정말 간절한 기도 제목들을 갖게 되기 때문입니다.

이것은 의사가 환자를 치료하기에 앞서 반드시 바른 진단을 내려야 하는 것과도 같습니다. 만약 위암을 앓고 있는 환자에게 위궤양 진단을 내린다면 그것은 그의 목숨을 빼앗는 돌이킬 수 없는 결과를 낳을 것입니다.

우리는 늘 하나님의 마음에 합당한 교인이 될 수 있게, 하나님의 마음을 시원케 하는 인생을 살 수 있게 도와달라고 기도합니다. 그런데 정사의 삶이 없는 사람의 그 기도는 늘 판에 박힌 듯합니다. 기도 제목이 너무 포괄적이기 때문에 응답의 여부도 알 수 없습니다.

반면 정사의 삶을 사는 사람은, 자신이 하나님 앞에 좋은 교인이 되게 해달라고 기도하면서도 왜 그렇게 살지 못하는지를 파악합니다. 문제가 파악되고 나면 낫고자 하는 열망이 마음에 차올라 그 기도 제목을 가지고 기도의 자리마다 하나님 앞에 씨름하는 것입니다. 이런 정사의 삶이 지속되면 우리 삶의 문제 속에서 어떤 공식들이 도출되고, 그 공식들은 더욱 구체적인 기도 제목의 밑바탕이 됩니다.

그래서 정사의 삶을 살지 못하는 사람의 기도는 항상 추상적이고 두루뭉술합니다. 우리가 능력 있는 경건생활을 계속해 나가기 위해서는 자신의 삶을 돌아보고 반성하는 정사가 생활화되어야 합니다. 이렇게 정사를 거친 간절한 기도는 결국 우리 영혼에 유익을 가져다줄 것입니다.

우리가 천사의 말을 듣고 사도 바울이 와서 목회하는 교회에 출석한다고 하더라도 개인적인 정사의 삶이 없다면 우리는 결코 경건의 능력으로 살아갈 수 없습니다. 경건한 성도가 되는 길은 목회자를 통해 배우면서 사람들의 기도를 받고, 거기에 하나님이 그렇게 살도록 능력을 주실 수는 있지만 여러분이 그 길을 걸어가지 않으면 아무 소용이 없습니다.

지금 이 시간 자기 사랑으로 눈먼 자아의 콩깍지를 벗겨 내고 여러분 자신을 바라보십시오. 콩깍지가 좀처럼 벗겨지지 않는다면 그 또한 여러분의 기도 제목임을 기억하기 바랍니다.

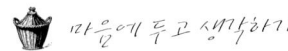 마음에 두고 생각하기

정사의 삶은 마치 화살의 깃털처럼 우리의 기도와 말씀의 삶을 바른 방향으로 인도해 줍니다. 삶을 꼼꼼히 살펴 주님을 닮아가는 것을 방해하는 것이 무엇인지 발견하길 바랍니다. 주님은 에베소교회를 향해 말씀하셨습니다. "그러나 너를 책망할 것이 있나니 너의 처음 사랑을 버렸느니라 그러므로 어디서 떨어진 것을 생각하고 회개하여 처음 행위를 가지라"(계 2:4-5). 회개 이전에 먼저 생각하십시오. 사랑이, 혹은 충성이, 혹은 믿음이, 혹은 신실함이, 여러분의 경건이 어디서 떨어졌는지 꼼꼼히 살펴 간절한 기도 제목으로 오늘도 주님 앞에 매달려야 합니다.

경건의 삶을 위한 기도는
정사의 삶을 통해 이루어집니다

"그러므로 이제 나 만군의 여호와가 말하노니 너희는 자기의 소위를 살펴볼지니라"(학 1:5).

조나단 에드워즈Jonathan Edwards는 철저한 정사의 삶을 통해 거룩함을 열망한 경건의 사람입니다. 그는 회심 후 자신의 신앙 성숙과 자기 반성을 위해 70개의 '결심문'을 작성하고 그 결심문을 바탕으로 철저하게 자신의 삶을 돌아보는 일기를 남겼습니다.

> 안식일에 신앙적인 생각 이외에 다른 생각들이 생겨나지 않도록 하는 일에 있어서 충분히 주의하지 못했다는 느낌이 든다. 의무를 수행하는 데 있어서 아주 작은 부적절함이라도 발견하면 43번째 결심문을 상기하자(1723년 7월 1일 월요일 정오의 일기).

이 하루의 일기만 보더라도 그가 얼마나 치열하게 자신의 삶을 살피고 면밀히 조사했는지 알 수 있습니다. 그렇다면 우리는 어떻게 삶을 살펴야 할까요? 먼저 조나단 에드워즈처럼 자기를 돌아볼 수 있는 자기 성찰의 시간을 가져야 합니다. 많은 사람들 속에서 일상을 바쁘게 굴러가듯 살다가도 딱 멈춰 서서 홀로 자신을 돌아보는 시간을 가져야 합니다. 그러나 결정적으로 이런 자기 성찰의 삶에 박차를 가하는 것은 역시 말씀과 기도입니다.

정사의 삶을 살면 하나님의 말씀이 비추시는 빛 아래서 자신의 부패함을 보게 됩니다. 말씀의 잣대를 대고 부패함을 객관적으로 보는 것이 어려운 일이기는 하지만, 그보다 더 어려운 것은 발견한 부분을 고치는 일입니다. 경험해 본 사람이라면 그 일이 자신의 힘으로는 결코 되지 않는 것임을 깊이 공감하고, 하나님의 은혜와 도우심을 간절히 구할 것입니다. 그러므로 정사의 삶을 사는 것과 깨어진 심령을 가지고 가난한 마음으로 살아가는 것은 밀접한 관계가 있습니다. 이것은 과민한 자의식으로 자신을 학대하기 위해 자기를 들여다보는 것과는 분명하게 구별됩니다. 정사의 삶은 우리로 하여금 하나님의 깊고 깊은 은혜를 더욱 구하게 합니다.

그렇게 정사의 삶을 살아가면서 경건을 추구하는 사람들에게 우리 주님께서는 한없는 은혜를 부어 주십니다. 말씀이 지적해 주신 부패와 결함을 인정하고 뉘우치며 하나님의 도우심을 구하는 자마다 나의 결함보다 훨씬 더 크신, 치료하시고 고치시는 하나님의 측량할 수 없는 사랑을 경험하게 될 것입니다.

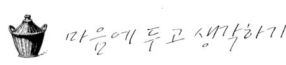
마음에 두고 생각하기

이 땅에서의 삶은 한시도 마음을 놓을 수 없고 한시도 나 자신에 대해서 우쭐거릴 수 없습니다. 매일 자신의 삶을 돌아보는 정사의 삶을 살아가십시오. 그리고 말씀 안에서 발견된 죄악들과의 싸움에서 이길 수 있는 길은 오직 주님의 도우심을 구하는 길뿐임을 잊지 말기 바랍니다.

마음에서 길어 올린 기도가
우리를 경건에 이르게 합니다

"또 기도할 때에 이방인과 같이 중언부언하지 말라
저희는 말을 많이 하여야 들으실 줄 생각하느니라"(마 6:7).

"중언부언"이란 문자적으로는 말을 반복한다는 뜻이지만 진정한 의미는 마음에 없는 말을 하는 것입니다. 예수님은 이방인들의 이런 기도의 모습을 경계하셨습니다.

이와 함께 예수님께서 경계하신 또 하나의 기도는 남에게 보이기 위한 동기에서 비롯된 유대인들의 외식의 기도였습니다. 외식이든, 중언부언이든 공통된 커다란 문제점은 마음으로부터 기도하지 않는다는 것입니다.

한동안 사용하지 않던 오래된 수동 펌프로 물을 다시 길어본 적이 있으십니까? 그러기 위해서는 땅 속 깊은 곳의 물을 '마중 나간다'는 의미의 마중물을 붓고 한참 동안 펌프질에 매달려야 합니다. 처음에는 헛손질 같아도 계속해서 펌프질을 하면 어느 순간 물길이 잡혀 깊은 곳에서 물이 올라와 콸콸 쏟아집니다.

우리의 기도생활도 마찬가지입니다. 마음으로 기도하지 않는 생활이 계속되어 마음이 굳어져 있을 때는, '오늘은 마음으로 기도해야지.'라고 결심을 하고 마음의 우물에 기도의 두레박을 집어넣어도 달그락거리기만 하고 물은 올라오지 않습니다. 오랜 형식적인 기도생활 속에서 마음이 고갈되어 버린 것입니다.

고갈된 마음에서 다시 기도를 올려 내기 원한다면 하나님께서 부어 주신 은혜와 지체들의 섬김 기도를 마중물로 해서 여러분의 기도의 펌프질을 멈추어서는 안 됩니다. 그렇게 포기하지 않고 계속하다 보면 마음은 결국 더 깊은 곳에서 진실한 기도를 올려 내고 그렇게 올라온 기도는 여러분의 쇠약한 영혼에 놀랍도록 큰 힘을 줄 것입니다.

경건에 있어서 틀, 형식은 참 중요합니다. 틀까지 뭉개져 버린다면 기도의 의미 자체를 무시하는 것이고, 그렇게 되면 회복이 보통 힘든 게 아닙니다.

그래서 신자는 기도의 틀을 잘 유지해 나가면서 자신의 기도생활에 외식은 없는지, 중언부언하고 있지는 않은지를 돌아보아 마음 깊은 곳에서 진실하게 기도를 길어 내려고 애써야 하는 것입니다. 그것이 쉽지 않다고 느껴진다면, 여러분의 마음이 하나님을 얼마나 멀리 떠나있는지 돌아보고 반성해야 합니다.

그러나 기억하십시오. 한 가지 확실한 사실은, 지금 당장은 하나님께로 돌아가는 길이 멀게만 느껴질지라도 마음 깊은 곳에서 기도를 길어 내려고 애쓰기 시작하면, 그 길이 굉장히 가까워진다는 것입니다. 그래서 형식적인 기도로 1년을 하나님 앞에 기도하는 것보다는 무릎을 꿇고 마음 깊은 곳으로부터 10분 기도하는 것이 하나님께로 돌아가는 훨씬 빠른 방법입니다.

그렇게 기도하는 가운데 마음은 계속해서 기도를 쏟아 내고 오랜 시간 하나님 앞에 머물도록 할 것입니다. 또한 그 속에서 가난한 마음이 생겨나 헛된 욕망과 허탄한 것들이 무엇인지, 영원한 가치가 있는 것들이 무엇인지를 명확하게 보게 하고 그것을 하나님 앞에 추구하게 할 것입니다.

그러므로 마음으로부터의 기도는 우리를 경건으로 나아가게 하는 것입니다.

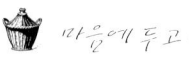 마음에 두고 생각하기

마음으로부터 기도하지 않는다면 기도를 안한 것과 같습니다. 하나님께서는 우리 각 사람의 마음을 다 알고 계십니다. 기도가 막혀 기도하기를 포기했다면 기도의 펌프질을 멈추지 마십시오. 지금은 마음까지 닿는 물길이 잡혀가는 중입니다. 이제 곧 마음은 기도를 쏟아 놓을 것입니다. 우리의 마음을 다 아시는 하나님 앞에 마음을 모아 기도하는 것, 그것이야말로 경건의 능력을 회복하는 지름길입니다.

갈망은 마음에서 우러나오는
경건의 기도를 가능케 합니다

"또 기도할 때에 이방인과 같이 중언부언하지 말라
저희는 말을 많이 하여야 들으실 줄 생각하느니라"(마 6:7).

오늘날 교회에서 하나님을 만났다고 하는 많은 신자가 왜 그렇게 죄를 이기지 못하고 미끄러지는지를 진지하게 성찰해 본 적이 있습니까? 신자를 자주 넘어뜨리는 중요한 원인 중 하나는 다름 아닌 마음으로부터 우러난 지속적인 기도생활의 결핍입니다.

많은 사람들이 다음과 같이 생각합니다. 기도하다 보면 마음이 확 녹아내려 하나님 앞에 간절히 매달릴 때가 있는데 이때는 내 기도 제목을 하나님께 아뢰는 데 있어서 기도가 100%의 효과를 발휘하고 기도가 자기 자신에게 감화를 주는 데 있어서도 100%라고 말입니다. 또한 그렇게 마음을 싣지 못하고 정신을 모으는 정도로 기도하는 것은 70%쯤, 졸며 하는 기도는 50-40%쯤의 효과를 가져다준다고 말입니다. 그리고 이것은 단지 기도라는 용액의 농도 차이일 뿐이라고 생각합니다. 하지만 이것은 사실이 아닙니다.

마음으로부터 깊이 우러나는 기도가 아니면 '0'입니다. 아무런 효과를 가져다주지 않습니다. 이것은 한 남자가 한 여자를 사랑하지 않으면서 마음에도 없는 사랑 고백 100마디를 한다고 해도 그 사람의 마음을 얻을 수 없는 것과 같은 것입니다. 설사 사람은 그럴 수 있다 하더라도 우리의 심령을 감찰하시는 지존하신 하나님은 그리실 수 없으십니다.

그렇다면 우리는 어떻게 하나님께 100%의 기도를 드릴 수 있을까요? 거기에는 '갈망'이 필요합니다. 갈망하는 것은 성취된 것이 아니고, 하나님을 갈망하는 것은 하나님을 만나고 싶어 하는 것이지 아직 만난 것은 아닙니다. 존 오웬John Owen은 이 문제를 설명하면서 하나님을 그리워하는 이 갈망 자체가 그 사람의 영혼을 엄청나게 바꿔놓는다고 말했습니다.

하나님을 향한 간절한 갈망이 있으면 의지적으로 기도를 하지 않으려 해도, 건성으로 하려 해도 그렇게 되지 않습니다. 그래서 갈망은 마음에서 우러나오는 기도를 가능하게 하는 강력한 견인차입니다. 그러한 갈망을 가지고 마음에서 기도를 퍼내는 자체가 영혼의 묵은 때와 더러운 것들을 다 털어 내서 우리를 죄의 지배에서 은혜의 통치인 경건의 삶으로 아주 놀랍도록 빠르게 옮겨놓는 것입니다.

 마음에 두고 생각하기

마음으로부터 기도하는 사람은 기도를 멈출 수 없습니다. 지속적인 기도가 불가능한 이유는 마음으로부터의 기도가 불가능하기 때문입니다. 그런데 부분적으로는 우리의 부패 때문에, 무지 때문에, 사단의 역사 때문에 기도생활 자체가 형식은 남았지만 속이 빈 공갈빵과 같이 되어 버립니다. 전혀 기도하지 않는 사람들이 보기에 형식적인 기도생활을 하는 사람들도 대단한 것 같습니다. 그러나 그렇지 않습니다. 거기에는 어떠한 경건도 있을 수 없기 때문입니다.

금식은 경건생활에서 부딪히는 한계를 뛰어넘게 합니다

"여호와의 말씀에 너희는 이제라도 금식하며 울며 애통하고 마음을 다하여 내게로 돌아오라 하셨나니 너희는 옷을 찢지 말고 마음을 찢고 너희 하나님 여호와께로 돌아올지어다"(욜 2:12-13上).

특별한 장난감이 없던 어린 시절, 할아버지께서 신문 볼 때 쓰시던 돋보기 하나가 좋은 장난감이었습니다. 친구들과 처마 밑에 모여 앉아 돋보기로 까만 먹지에 빛을 비춰 조절하다 보면 조그만 점에 태양 광선이 모아집니다. 그러면 신기하게 불이 붙었습니다.

오래전 과학 잡지에 소개된 내용에 따르면, 이 원리대로 건물 크기만 한 반사경으로 빛을 모으면 커다란 쇳덩이도 녹일 수 있다고 합니다.

우리가 경건의 삶을 살아가면서 늘 풍부한 경건생활을 이어가는 것만은 아닙니다. 날마다 하나님의 은혜의 감격에 젖어 산다면 참 좋겠지만 항상 그렇지는 않습니다. 그래서 그럴 때는 종종 집중적으로 자신을 투자해서 경건생활에 있어서의 한계를 극복하는 계기가 필요합니다. 그런 계기는 여러 모양으로 적용될 수 있지만, 그중에서도 성경과 기독교 역사에서 가장 많이 쓰인 방법은 바로 '금식'이었습니다.

금식이란 마치 광선을 집약시켜 쇠를 녹이는 것과 같은 마음으로 하나님께 전폭적으로 집중함으로써, 자신의 삶에 일상적인 경건의 노력으로는 극복할 수 없는 장벽과 얽매이는 것들을 뛰어넘는 것입니다.

이 금식은 문자적으로는 병원에서 의사가 환자에게 촬영이나 수술을 하기 전 장(腸)을 비우기 위한 목적으로 권하는 금식과 같은 뜻이지만, 영적인 의미는 따로 있습니다. 식사를 그치는 행위는 수단일 뿐, 하나님을 향해 집중하게 하는 것이 진짜 목적입니다. 그래서 마음은 하나님께 온전히 집중되지 않은 채 밥만 굶는 것은, 그야말로 '굶식'이지 '금식'이 아닙니다.

우리의 경건생활에 어려움을 던지는 내부적이고 외부적인 방해들이 있습니다. 내부적으로는 우리의 부패성이 우리를 방해합니다. 우리가 경건하게 살아가고자 할 때마다 우리의 발목을 잡는 것들이 있습니다. 도저히 내 힘으로는 끊어 버릴 수 없다고 생각되는 악한 습관이나 고질적인 게으름, 혹은 나의 영혼을 갉아 먹는 미움이나 질투, 욕심 등이 그것입니다.

외부적으로는 마귀의 방해 공작입니다. 마귀는 알고 있습니다. 우리를 단번에 범죄케 하여 파멸시키는 것은 쉽지 않지만, 서서히 무장해제시켜 자신을 향해 저항할 수 없게 하는 것은 쉽다는 것을 말입니다.

그리스도인은 거룩하고 진실한 삶을 살 수 있는 모든 힘을 하나님께로부터 공급받기 때문에, 우리에게서 하나님과 교제할 수 있는 영적인 순발력을 빼앗아 버린다면 우리가 아무 힘도 쓸 수 없다는 사실을 마귀는 잘 알고 있습니다. 그렇기 때문에 마귀는 끊임없이 우리의 경건생활에 도전하는 것입니다.

일상적인 경건의 삶 속에서도 뿌리 뽑혀지지 않은 내면의 부패성으로 인해 절망하고, 마귀에게 영적인 순발력마저 빼앗겨 버렸다면 금식함으로 하나님께 집중하십시오. 그러면 하나님을 향한 나의 집중보다 더욱 강렬한 하나님의 은혜의 집중이 나에게 쏟아져, 내 힘으로는 도저히 이겨낼 수 없었던 한계의 벽을 넉넉히 녹여 버리고 말 것입니다.

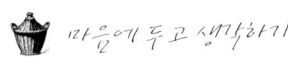 마음에 두고 생각하기

금식은 오직 하나님 앞에서 스스로 마음을 정하여 조용히 하나님만을 응시하고 주목하는 집중의 시간을 갖는 것입니다. 그 시간을 통해 집중된 마음은 간절함으로 더 많은 시간을 하나님 앞에 기도하게 함으로써 시들해진 기도의 능력과 경건을 되찾게 하고, 말씀의 미각을 새롭게 회복시켜 줄 것입니다.

앞서간 신앙의 선배들의 경건의 비결은 금식이었습니다

"또 아셀 지파 바누엘의 딸 안나라 하는 선지자가 있어 나이 매우 늙었더라
그가 출가한 후 일곱 해 동안 남편과 함께 살다가 과부 된 지 팔십사 년이라
이 사람이 성전을 떠나지 아니하고 주야에 금식하며 기도함으로 섬기더니"(눅 2:36-37).

시므온과 안나는 결례潔禮를 받으시기 위해 성전에 올라가신 아기 예수님을 알아본 사람들입니다. 성전에서 제일 먼저 그분을 알아보고 만나는 것은 아무에게나 허락된 것이 아니었습니다.

많은 사람들은 예수께서 어른이 되셔서 풍랑이 이는 바다를 잠잠케 하시고 병자를 고치시며 죽은 자를 살리는 이적을 행하시고 "내가 바로 너희가 기다리던 메시야다."라고 말씀하셨음에도 도무지 믿지 못했습니다. 그런데 이 두 사람은 그 어떤 이적도 행하지 않은 갓난아기이신 예수님을 알아본 것입니다.

이들의 삶에 있어서 남다른 점은 바로 '경건'이었습니다"눅 2:25. 하나님께서는 경건하고 거룩하게 살면서 메시야를 통해 주어지는 이스라엘의 위로를 간절히 기다리던 이들에게 이런 특권을 허락해 주셨습니다.

특별히 특권의 한 주인공 안나는, 결혼한 지 7년 만에 남편을 잃고 남은 평생을 메시야 한 분만을 바라보며 산 여인입니다. 성경은 그녀가 과부된 지 84년이 지나도록 그렇게 경건을 유지하며 살 수 있었던 비결 중 한 가지를 '금식'이라고 소개합니다.

또 한 명의 경건의 사람, 데이비드 브레이너드David Brainerd는 자신의 일생을 금식과 기도로 하나님 앞에 드렸습니다. 설교를 하러 올라가기 전에는 헌신적인 기도로 하나님께 자신을 쏟아 부었고, 설교 이후에는 자신이 그 설교대로 살아가고 있는지를 점검하며 기도했습니다.

그는 시간마다 하나님 앞에 기도로 자신을 바쳤고 자신의 생일을 종종 금식의 날로 삼았습니다. 하나님을 향해 열렬히 쏟아 부어진 그의 짧았던 생애는 하나님께서 기뻐하시는 삶이었기에 그는 다른 사람의 반도 못되는 삶을 살았지만 자신보다 두 배나 오래 산 사람보다 훨씬 더 위대한 일들을 이루고 죽었습니다.

성경에 등장하는 많은 인물과 우리 신앙의 선배들은 경건생활에 있어서 금식 기도를 굉장히 중요하게 여겼습니다. 금식 기도는 무언가 간절한 목표를 가지고 하나님께 집중하여 기도할 때, 또한 내적인 부패성들을 죽이고자 할 때 이루어졌습니다.

그러나 우리가 반드시 기억해야 할 것은 금식을 하면서 자신의 욕심을 끊는 것, 그 자체가 우리의 부패성을 죽일 수 있는 것은 아니라는 사실입니다. 우리 속에 있는 부패성을 죽일 수 있는 분은 오직 성령님뿐이십니다.

그럼에도 우리가 금식하는 이유는, 금식을 통해 육신의 일반적인 욕구가 축소되고 나면, 내주하시는 성령께서 우리 안에서 방해받지 않으시고 충분하게 역사하시기에 좋은 환경이 되기 때문입니다.

금식 그 자체에 어떤 신비한 마력이 있어서가 아닙니다. 잡다한 세상의 일들과의 관계 속에서 혼탁해진 마음을 비워 하나님께 온전히 집중할 때, 모든 능력의 근원이신 하나님의 손길이 우리를 주님과 더욱 친밀한, 그 영광된 특권의 자리로 이끌어 주시는 것입니다.

 마음에 두고 생각하기

경건의 삶을 살아간 사람들도 자신의 삶을 하나님께 드리는 것이 늘 녹록치 만은 않았을 것입니다. 특별히 안나가 과부로 84년을 살면서 얼마나 많은 유혹과 어려움, 시련들이 있었을까요? 어쩌면 그랬기 때문에 그녀는 더욱 금식으로 자신의 욕망들을 끊어 내고 주님 앞에 나가야 했을지 모릅니다. 그렇게 치열하게 삶 속에서 분투했던 이들에게 하나님은 특별한 사랑을 표현해 주셨습니다. 아기 예수님이 메시야라는 사실을 알아볼 수 있는 특권을 허락받은 안나와 시므온은 그 시대 성도로서 맛볼 수 있는 가장 영광스러운 특권을 누린 사람들입니다.

경건생활의 비결이 되는
금식의 정신은 겸비입니다

"때에 내가 아하와 강가에서 금식을 선포하고 우리 하나님 앞에서 스스로 겸비하여
우리와 우리 어린 것과 모든 소유를 위하여 평탄한 길을 그에게 간구하였으니"(스 8:21).

사람은 먹어야 살 수 있습니다. 섭취된 영양분이 몸속에서 에너지를 만들어 내고 살게 하는 것, 이것이 창조의 섭리입니다. 그런데 금식은 이 활동을 일시적으로 정지하는 것이기에 거기에는 결국 죽음의 의미가 담겨 있습니다. 그래서 마치 생명 그 자체를 일시적으로 정지시키는 것과 같은 간절함으로 모든 생각과 마음과 뜻을 모아 하나님 한 분에게 주목하고, 그런 시간을 통해서 하나님과의 친밀함을 회복해 그 교제의 능력을 공급받고 싶어 하는 열망의 반영이 바로 금식입니다.

이 금식이 가지는 참된 복을 누리기 위해서는 먼저 자신의 삶 속에서 하나님께서 기뻐하지 않으시는 것들이 무엇인가를 살피고 그것을 정리할 용기를 가져야 합니다.

특별히 습관적으로 계속되는 악, 그리고 몸에 깊이 배인 거짓, 자동으로 움직이는 불순종들은 그런 행동들의 반복 속에서 성향이 되어 자기도 모르게 몸에 붙어 있는 것들입니다. 이 체질화된 악한 습관들을 꼼꼼히 살펴 그것을 끊어 버리겠다는 용단을 내리고 금식이 수행될 때, 그때에 그 금식이 우리 영혼에 기력을 회복시키는 중요

한 강장제 역할을 하는 것입니다.

그런데 금식을 하는 사람들 속에는 자신이 금식을 했다는 '자기 의'가 생기기 쉽습니다. 그렇게 되면 자기 의에 대한 집착으로 인해 삶을 정직하게 돌아볼 수 있는 힘을 잃어버리게 됩니다. 이 자기 의에 빠지지 않기 위해 우리에게 필요한 것은 바로 '겸비'입니다.

하나님이 아니시면 그 무엇도 내 안에 진정한 답이 될 수 없음을 인정해야 합니다. 하나님께서는 이런 마음을 기뻐하십니다. 하나님을 절대적으로 의존하는 신자의 마음 안에서 하나님은 마치 온 우주 안에서 영광을 받으시는 것과 같은 영광을 받으시는 것입니다.

절대 의존의 마음을 가지고 주님께 삶의 모든 희망을 건 사람들, 열심히 기도하나 자신의 기도에 희망을 건 것이 아니라, 자신의 기도 소리에 귀기울이시는 하나님의 긍휼에 소망을 건 사람들, 이런 사람들이야말로 하나님 앞에 은혜를 입은 경건의 사람들입니다.

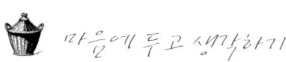
마음에 두고 생각하기

금식함으로 기도하지만 여전히 자신을 의지하며 자신의 의를 자랑하고 있다면 그 금식은 헛되고 헛되며 헛될 뿐입니다. 경건으로 나아가게 하는 진정한 금식을 하기 원한다면 하나님 앞에 옷깃을 여미는 심정의 겸비함으로 그분 앞에 서기 바랍니다.

금식이 삶의 개혁과 함께 이루어질 때
참된 경건에 이를 수 있습니다

"나 여호와가 말하노라 나의 손이 이 모든 것을 지어서 다 이루었느니라 무릇 마음이 가난하고 심령에 통회하며 나의 말을 인하여 떠는 자 그 사람은 내가 권고하려니와"(사 66:2).

히브리말로 '체데크'צדק란 인간의 '마음속에 있는 의'이고, '체다카'צדקה란 행위를 통해 밖으로 드러난 '삶의 열매로서의 의'입니다. 구약시대에 제사 드리는 사람에게는 체데크와 체다카의 일치가 있어야 했습니다. 삶으로 드러난 의가 없다는 것은 그들의 마음이 의롭지 않다는 것을 증명하는 것이었기 때문입니다.

마음도 없고 삶도 없는, 제도와 형식만 남은 제사는 인격이시고 거룩하신 하나님에 대한 기만으로 우상에게 절하는 것과 다를 바 없는 제사였습니다. 진정으로 하나님께서 원하시는 것은 공의를 행하고 인자를 사랑하며 겸손히 하나님과 동행하는미 6:8, 이 내면의 체데크였습니다.

금식도 마찬가지입니다. 우리가 결코 잊어서는 안 되는 중요한 사실은 금식에는 삶에 대한 철저한 개혁이 동반되어야 한다는 것입니다. 이사야 선지자는 강력하게 말하고 있습니다. "너희가 아무리 금식을 한다 해도 너희 속에 하나님이 기뻐하지 않으시는 것이 가득하여 불순종의 길을 계속 걸어간다면, 또한 너희의 그 고집에 대해서는 손도 대지 않고 내버려둔 채 단지 금식만 한다면 하나님께서는 결코 역사하지 않으신다."사 58:4-5고 말입니다.

물론 논리적으로 주님의 은혜를 받지도 못한 사람이 결단 하나만으로 모든 문제를 해결할 수 없습니다. 그러나 참으로 중요한 공식 한 가지는 순종하려는 것만큼 하나님께서 능력을 주신다는 것입니다. 하나님의 일하심에 우리의 의지가 협력할 때, 하나님께서는 우리의 힘으로 도저히 이길 수 없다고 생각했던 것들을 이길 수 있는 힘을 주십니다.

이것은 굉장히 어려우면서도 또한 굉장히 쉬운 일입니다. 왜냐하면 그 누구와의 합의도 아닌 바로 나 자신과의 약속이기 때문입니다. 금식으로 자신의 마음을 비우고, 삶을 고쳐나가는 실천을 함께 하면서 하나님을 간절히 찾는다면 여러분의 영혼은 하나님을 만날 준비가 된 것입니다. 또한 그렇게 체데크와 체다카가 일치된 금식은 진정한 영적 회복의 힘을 제공할 것입니다. 그래서 금식을 할 때는 자신의 삶을 꼼꼼히 살피는 정사와 그 정사의 결론을 받아들이는 삶의 개혁이 절대적으로 필요합니다. 그럴 때 금식 기도를 통해 강력한 힘을 얻고 경건의 비상한 능력을 회복하게 될 것입니다.

 마음에 두고 생각하기

하나님께서 구하시는 제사는 상한 심령이라고 하셨습니다(시 51:17). 하나님께서 원하시는 것은 당신의 거룩하심을 닮지 못해 마음 아파하며 그 마음을 깨뜨려 드리는 제사입니다. 그렇게 마음을 깨뜨려 기도하는 자마다 삶을 고치시는 하나님의 은혜의 손길을 경험할 것입니다.

경건한 기도생활을 위해서는
사고의 기능이 가지런해야 합니다

"만물의 마지막이 가까웠으니
그러므로 너희는 정신을 차리고 근신하여 기도하라"(벧전 4:7).

마지막 때가 되면 여러 가지 면에서 신자들이 믿음을 지키며 살아가기가 더 어려워집니다. 우선 영적으로는 사단의 역사가 더 강하게 나타나기 때문입니다. 사단의 역사가 거세질수록 그것을 대적하기 위한 성령의 역사도 더욱 강하게 나타나지만 이미 성경에 예고된 대로 마지막 때는 우리가 믿음을 지키며 사는 것이 무척 힘든 때입니다. 또한 많은 문명과 문화의 번폐스러움은 사람들의 정신을 빼앗아 신앙 생활하는 것을 어렵게 만듭니다.

이런 것을 베드로 사도는 경계하면서 만물이 마지막에 가까웠으니 무엇보다도 기도하라고 강조하고 이와 더불어 기도하는 것과 함께 정신을 차리라고 권면합니다벧전 4:7. 그것은 곧 예수께서 늘 말씀하신 '깨어 있어라' 마 26:41, 막 14:38라는 말씀과도 같습니다.

진주만 폭격 당시, 미군들은 일본 전투 폭격기가 진주만 상공에 날아다닐 때까지도 단순한 훈련 상황인 줄 알았습니다. 그들은 대낮에 무참하게 폭을 당했습니다. 그 이유는 레이더 병사의 실수에서 기인한 것이었습니다. 비행기가 떠서 레이더망 안에 점 같은 것들이 나타났음에도 그것을 제대로 판독하지 못한 것입니다.

우리도 마찬가지입니다. 사고의 기능이 올바르면 원수의 공격이 올 때 레이더를 작동해서 사전에 파악하고 대처할 수 있습니다. 그러나 경건생활을 게을리하거나 죄에 익숙해지면 사고의 기능은 금방 영향을 받습니다. 그래서 존 오웬John Owen은 심령이 죄로 물들어 있는 상태에서는 절대로 영적으로 생각할 수 없다고 말했습니다.

사고의 기능은 영혼과 밀접한 관련이 있습니다. 이 기능은 정서나 의지보다도 영혼에 더욱 빠르게 작용합니다. 영혼이 전원 스위치라면 사고는 백열 전구입니다. 전원을 탁 올리면 불이 바로 들어오는 것입니다. 그래서 영혼에 변화가 오면 즉각적으로 사고 쪽에 변화가 생깁니다. 그러므로 정신을 차리지 않은 상태에서는 무언가 정확하게 탐지할 수 없으므로 계속해서 헤매는 삶을 살게 되고, 정리되지 않은 정신으로 말도 안 되는 기도를 하는 것입니다. 그렇기 때문에 사도는 우리에게 '정신을 차리라!'고 명합니다. 이렇듯 말씀과 기도 속에서 영적으로 충만한 경건의 삶을 살아가기 위해서는 사고의 기능이 가지런해야 합니다.

 마음에 두고 생각하기

우리를 혼미케 하는 세상 속에서 경건의 사람으로 살아가기 위해 오늘도 정신을 차려 사고의 기능을 가지런히 하고 기도하기 바랍니다. 대적 마귀가 오늘도 우는 사자와 같이 두루 다니며 삼킬 자를 찾고 있음(벧전 5:8)을 잊지 마십시오.

근신하여 기도할 때 경건에 이를 수 있습니다

"만물의 마지막이 가까웠으니
그러므로 너희는 정신을 차리고 근신하여 기도하라"(벧전 4:7).

사도 베드로는 또한 마지막 때를 살아가는 성도들을 향해서 "근신하여 기도하라"벧전 4:7고 명합니다. 근신이란 마음에 있는 어떤 사고가 행동으로 나타나기까지의 과정에서 통제력을 유지하는 것을 말합니다. 우리는 마음의 상태나 사고의 기능이 행동으로 유발될 때, 그것에 대한 통제력을 가지고 있어야 합니다. 통제력 없이 떠오른 생각들은 그냥 쓸려 내려가 버립니다. 이런 삶이 바로 근신이 없는 삶입니다.

그런데 문제는 이것이 믿을 만하지 않다는 것입니다. 자신의 사고와 영혼의 어떤 성질들이 아무런 통제 장치 없이 삶으로 흘러가 버릴 때, 이것은 큰 문제가 됩니다. 그 자체가 이미 깊은 부패성을 가지고 있기 때문에 아무리 은혜 안에 살아가는 사람일지라도 물 흐르듯이 경건하게 살아가고, 물 흐르듯이 저절로 경건한 삶이 쏟아져 나오는 사람은 없습니다. 통제가 없는 상태에서 시간이 조금만 지나면 부패되는 것이 사람이기 때문입니다.

정수기를 관리할 때 그렇게 필터를 많이 집어넣어서 늘 거르는데도, 필터를 갈 때 물통 가장자리에 미끈미끈한 이끼가 껴 있는 것을 보게 됩니다. 마찬가지로 인간이 아무리 정결해도 그 속에 이미 스스로 자기 부패 성향을 가지고 있기 때문에 통제가 필요 없을 정도로 완벽한 매무새를 가진 사람은 없는 것입니다.

심리학자들이 말하길 인간은 하루에 10만 가지의 사고를 한다고 합니다. 10만 가지의 떠오른 사고들이 흘러내려가 우리를 금방 더럽힙니다. 그래서 그러지 못하도록 사고의 통제를 유지하며 살아가는 것이 바로 경건한 삶의 기초입니다. 그 통제력을 통해서 성화의 작용이 일어납니다.

따라서 근신해야 합니다. 마음대로 살면 반드시 영적인 생명은 쇠약해져 파괴되고 맙니다. 내키는 대로 살게끔 자신의 삶을 내버려두면 반드시 배교적인 삶으로 결론이 나고 말 것입니다. 끝없는 욕망을 가지고 무엇으로도 만족하지 않는 것이 인간의 마음이기에 우리는 기도하되, 근신하여 기도해야 합니다. 마음의 통제력을 유지하고 앞에 당한 경주에 임합시다. 경건의 비밀이 되신 예수 그리스도가 오늘도 우리를 위해 그 결승선에서 우리를 기다리고 계십니다.

 마음에 두고 생각하기

경건한 삶을 살고자 하는 자마다 마음의 허리를 동여 속히 오리라 약속하신 주님께 소망을 두고 기도함으로 오늘을 살아야 합니다. 앞에 있는 즐거움을 위하여 십자가를 참으시고 부끄러움을 개의치 않으신(히 12:2) 예수님을 생각합시다.

마지막 때를 경건으로 살아가는 비결, 역시 기도입니다

"만물의 마지막이 가까웠으니
그러므로 너희는 정신을 차리고 근신하여 기도하라"(벧전 4:7).

기도와 응답의 관계에서 기도의 응답이 인격적인 경험이 되기 위해서는 하나님에 대한 지식이 있어야 합니다. 그럴 때 주님이 주시는 응답을 통해 하나님이 어떤 분이신지를 깨닫게 됩니다.

서울로 유학 간 아들에게 아버지가 매달 25일에 통장에 돈을 넣어 준다고 해서 그 부모 자식 간에 인격적인 사랑의 관계가 있다고 말할 수는 없는 것처럼, 응답을 많이 받았다고 해서 하나님과 친밀한 관계에 있다고 말할 수는 없습니다.

마지막 때를 경건하게 살아가게 하는 기도는 이렇듯 단순히 우리가 무언가 원하는 것을 하나님 앞에 얻어내기 위해 드리는 기도가 아닙니다. 심지어 영적으로 신앙을 지키며 살게 해달라는 그런 기도만을 말하는 것도 아닙니다. 이것은 기도를 통해서 살아계신 하나님의 실존을 느끼며 그분과 연합된 삶을 살아가는 방편으로서의 기도를 말합니다.

그렇게 연합된 삶을 살아가기 위해서는 우리 안에서 가장 먼저 다뤄져야 할 것이 '죄'입니다. 그래서 죄 죽임의 교리에 있어서도 죄를 이기는 탁월한 수단은 바로 기도입니다. 기도를 통해서 신자는 죄를 이기고 하나님과 연합된 친밀함 속에서 살아갈 수 있습니다. 그런데 말씀에 대한 지식이 정교해질수록 죄는 더 교활해지기 때문에 나름대로 경건생활을 한다고 하면서 하나님의 말씀을 아는 사람들이 짓는 죄는 말씀이 정리되지 않은 사람들의 눈에는 파악될 수 없을 정도로 아주 교묘합니다.

이것을 이길 수 있는 길은 두 가지밖에 없습니다. 하나는 계속해서 말씀 안에서 자라가는 것입니다. 철저한 성화의 삶을 살기 위해서는 그 지식이 철저해야 합니다.

또 하나는 자기 안에 있는 은혜를 계속해서 유지해서 아무리 작은 죄라도 그것을 즉각적으로 느낄 수 있는 민감성을 유지하는 것입니다. 영적인 민감성을 가지고 살아가는 것은 마지막 때를 경건하게 살아가는 놀라운 비결입니다.

이런 모든 것이 간절하고 열렬한 기도생활을 통해서 배양됩니다. 그렇기 때문에 기도하지 않으면 경건한 자의 삶에서 발견되는 하나님과의 관계에서의 친밀함도, 죄에 대한 민감함도 모두 퇴화되어 버립니다. 처음에는 내가 기도를 덜하고, 덜하다가는 결국 안하는데, 시간이 지나면 라일J. C. Ryle 주교의 표현대로 기도가 우리를 버리는 것입니다.

말씀을 깊이 깨닫고 강력한 은혜를 경험했다고 하더라도 기도가 없으면 실제로 그런 상황들을 든든히 대적하며 살아갈 수 있는 경건의 사람으로 깊이 뿌리내리지 못합니다. 기도를 통해 죄를 이기고 하나님과 연합된 삶으로 이 마지막 때, 세상의 전폭적인 유혹과 도전들을 이기면서 하나님이 원하시는 경건의 삶을 살아가시기 바랍니다.

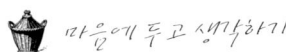 마음에 두고 생각하기

하나님 앞에 정신을 차리고 근신하여, 그리고 열렬히 기도함으로써 마지막 때를 살아가야 합니다. 하나님을 끊임없이 묵상함으로 그분을 향한 갈망으로 기도합시다. 하나님과의 친밀함, 그리고 그와 뗄 수 없는 관계에 있는 죄에 대한 민감성, 이것은 경건을 향해 치열하게 분투하는 이에게 주시는 하나님의 선물입니다.

곧은 목으로는 경건에 이를 수 없습니다

경건한 신자는 성소의 등불을 밝힙니다

하나님께로부터 오는 진리의 빛이 필요합니다

말씀에 대한 깨달음은 경건의 시작입니다

말씀에 대한 현재적인 사모함이 있어야 합니다

말씀은 나그네 인생길의 노래이자 위로입니다

말씀은 경건한 성도들을 새롭게 합니다

선포되는 말씀은 경건의 씨앗입니다

경건한 성도들에게 말씀은 매일의 양식입니다

말씀 묵상은 경건을 스며들게 합니다

묵상의 첫 번째 비결은 정확한 이해입니다

묵상의 두 번째 비결은 마음을 여는 것입니다

묵상의 세 번째 비결은 하나님의 마음을 읽으려는 열심입니다

경건한 성도는 말씀 앞에서 교만할 수 없습니다

경건은 머리에만 머물지 않습니다

Secret of Piety

경건을 위한 말씀생활

곧은 목으로는 경건에 이를 수 없습니다

"내가 아비일진대 나를 공경함이 어디 있느냐
내가 주인일진대 나를 두려워함이 어디 있느냐"(말 1:6 下).

어떤 사람이 소문난 부자로부터 홀로 잔치에 참여하라는 전갈을 받았습니다. 처음에는 이상하게 여겼지만 나중에는 내심 기뻤습니다. 아무도 그 집을 구경한 적이 없었기 때문입니다. 잔칫날이 되었습니다. 으리으리한 대문을 지나자 과연 아름다운 정원과 튼튼한 목재로 잘 짜인 별채들이 늘어서 있었습니다. 입을 다물지 못하던 그는 드디어 안방에 자리를 잡고 잔칫상을 받게 되었습니다.

주인 내외는 맛있게 먹으라며 상다리가 휘어질 정도로 많은 음식을 차려왔습니다. 상 위에 음식들은 하나같이 정갈하게 뚜껑으로 덮여 있었고 그는 기대에 부풀어 뚜껑을 열었습니다. 그런데 이게 웬일입니까? 값비싼 접시에 담긴 생선은 가난한 이들도 쳐다보지 않을 만큼 뼈만 앙상하게 남아 있었고, 공기에 담긴 밥은 새까맣게 타 있는 것이었습니다. 그는 그동안 주인이 보여준 호의와 대궐 같은 집에 더욱 화가 치밀어 올랐습니다.

우리의 신앙 생활이 이렇지 않은지 생각해 보십시오. 장중한 예배당, 정해진 시간에 드리는 예배, 웅장한 찬양 등 예배에 필요하다고 생각하는 것들이 있다 하더라도 무언가 빠져 있는 게 아닌지 말입니다. 그리고 그것은 말씀이 선포되는 시간에 여실히 드러납니다. 영화 관람을 위해서도 십 분 먼저 도착하는 사람들이, 도대체 얼마나 바쁜 일이 있는지 모르지만 예배가 이미 시작했는데도 아무렇지 않다는 듯 문을 벌컥 열고 들어옵니다. 그리고는 자리를 잡고 편안히 잠이 듭니다.

도대체 그 사람들은 누구입니까? 만일 어떤 황제가 그들을 초청했다면 제 시간에 나타나지 않을 수 있을까요? 그리고 그런 태도로 황제의 말을 들을 수 있을까요? 더구나 우리가 예배하는 분은 역사상 존재했던 모든 황제의 위엄을 합해도 도달할 수 없는 한 분 하나님이십니다.

그런 사람들에게는 말씀하시는 하나님께 대한 '경외심'이 없는 것입니다. 정말 하나님이 살아계시다는 믿음이 있다면 우리가 서 있는 곳이 그분 앞임을 기억하십시오. 경건의 능력이 없는 신자는 하나님의 엄위와 두려우심을 모르기 때문에 하나님을 깔보는 태도로 예배드리고, 하나님을 향한 사랑이 없기 때문에 종교적인 의무만을 행합니다. 하지만 그렇게 하나님을 향한 경외심이 없는 예배는 모두 헛될 뿐입니다.

그러므로 우리는 자신의 모습을 돌아보아야 합니다. 하나님이 없는 것처럼 예배를 드리는 것은 아닌지, 하나님을 보지도 못하고 듣지도 못하며 말씀하시지도 못하는 분으로 생각하고 예배의 자리로 나아오는 것은 아닌지 말입니다. 그렇게 곧은 목으로는 말씀하시는 하나님의 목소리를 들을 수도 없고 하나님의 얼굴을 뵈올 수도 없습니다.

경건한 성도는 온 땅과 하늘 위에 지극히 높으신 하나님의 임재 앞에서 옷깃을 여미고, 내 생명과 존재, 이 세계와 이 땅의 모든 영광이 오직 그분께 의존한다고 고백하며 그분의 말씀에 귀기울이는 사람들입니다.

 마음에 두고 생각하기

예배를 드리는 사람의 마음에는 주님을 만나고자 하는 진실한 소원과 지극히 크고 높으신 하나님을 향한 경외함이 있어야 합니다. 그런 마음의 태도는 필연적으로 신자로 하여금 살아계신 하나님 앞에서 두렵고 떨림으로 예배를 드리게 합니다.

경건한 신자는 성소의 등불을 밝힙니다

"아론은 회막 안 증거궤 장 밖에서 저녁부터 아침까지 여호와 앞에 항상 등잔불을 정리할지니 너희 대대로 지킬 영원한 규례라"(레 24:3).

오늘날 우리는 경건의 힘이 눈에 띄게 결핍된 시대에 살고 있습니다. 그래서 다수가 하나님을 믿어도 세상의 탁류를 거스르지 못합니다. 어떤 사람들은 이것을 보고 세상이 너무 타락했기 때문이라고 말하지만, 역사상 세상이 죄로 물들지 않은 때가 언제였는지 묻고 싶습니다. 세상이 바뀌지 않는 것은 그리스도인이 경건의 능력을 잃어버렸기 때문입니다.

어두운 밤바다에 찬연히 빛나는 단 한 개의 등대는 수백 척의 배를 안전한 항구로 인도하기에 충분합니다. 넓은 바다 위에 수천 개의 조명탄을 쏘아 올려 대낮처럼 밝혀야 풍랑을 피할 수 있는 것이 아니라 단 하나의 등대라도 밝게 빛나고 있다면 수많은 배들이 그 등대를 보고 피할 수 있는 것입니다.

그러므로 등대와 같이 온전한 경건을 소유한 사람들에게는 어두운 세상이 오히려 기회가 됩니다. 하나님의 이름을 짓밟고 살아가는 세상이기에 경건이 더욱 필요하기 때문입니다. 잘못된 생각은 버리십시오! 하나님의 나라는 인해전술로 오는 나라가 아닙니다. 하나님 나라를 위해서는 서 말의 가루가 아니라 한 줌의 누룩이 필요합니다.

종교 개혁자 오이코람파디우스John Oecolampadius는 "하나님께 전적으로 헌신한 소수가 역사에 미치는 효과는 그렇지 못한 다수와는 비교도 되지 않는다."고 단언하였습니다. 언제까지 세상 타령과 현실을 핑계로 자신의 경건치 못함을 내버려두고 세상에 묻혀서 살겠습니까?

그렇기 때문에 우리는 먼저 성경이 기록하고 있는 믿음의 조상들이 어떠했는지 살펴보고 우리들의 경건생활을 깊이 돌아볼 필요가 있습니다. 특히 구약의 제사에 관해 상세히 설명하고 있는 레위기를 볼 때 하나님께서 정하신 경건생활에 대한 진리를 많이 발견하게 됩니다. 레위기가 배경으로 하고 있는 당시 이스라엘에는 규례에 따라 하나님이 임재하시는 지성소로 나아가 백성의 죄를 대신 고하는 역할을 맡았던 제사장이 있었습니다. 그리고 그들은 영적 지도자인 동시에 정치적인 지도자로 권위를 부여받은 사람들이었습니다. 그런데 그런 제사장 가운데 한 명이었던 아론에게 하나님께서 특별히 명하신 일이 있습니다. 이스라엘 백성이 가져온 감람을 찧어 낸 순결한 기름으로 회막 안 증거궤 방 밖에서 저녁부터 아침까지 항상 등잔불을 정리하라는 임무였습니다.

7개의 등불을 켤 수 있는 살구꽃 모양의 이 금등대는 넓은 의미에서는 교회가 세상에 대하여 가지는 기능을 의미합니다. 그리고 좁은 의미에서는 사도가 "너희 몸은 너희가 하나님께로부터 받은 바 너희 가운데 계신 성령의 전인 줄을 알지 못하느냐 너희는 너희의 것이 아니라"고전 6:19고 한 것처럼 성전인 각 사람이 하나님과 세상을 향해서 가져야 할 영적 상태를 예표하고 있다고 볼 수 있습니다. 그러므로 작은 제사장이며 거룩한 성전이 된 우리도 금등대의 불빛을 지킬 의무가 있습니다. 그리고 이 일들은 하나님의 뜻대로 우리가 경건을 실천하고 그 능력을 회복함으로써 이루어질 것입니다.

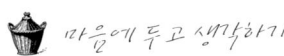 마음에 두고 생각하기

오늘은 오늘 주신 주님의 은혜가 필요합니다. 여러분의 마음속에 금등대가 있습니까? 만일 있다면 그 불빛이 어두움 가운데 환하게 탈 수 있도록 돌보는 일이 필요합니다.

하나님께로부터 오는
진리의 빛이 필요합니다

"주의 말씀은 내 발에 등이요 내 길에 빛이니이다"(시 119:105).

밤에 보초를 서는 군인들이 반드시 휴대하고 다녀야 할 물건이 있습니다. 야간 투시경입니다. 말 그대로 어두운 밤에도 적의 움직임을 쉽게 식별할 수 있도록 도와주는 물건입니다. 원리는 간단합니다. 인간의 눈에는 보이지 않는 파장을 가진 적외선을 증폭시켜 화면에 시각적으로 나타나게 하는 것입니다. 하지만 이런 야간 투시경도 밝은 대낮에는 오히려 쓸모없는 물건이 되어 버리고 맙니다.

하나님의 군사에게도 비슷한 일이 일어납니다. 일단 신앙의 세계에 들어오고 나면 이제는 전에 세상에서 의지하던 총명, 지식, 지혜가 아니라 다른 빛의 도움이 필요하다는 사실을 깨닫게 됩니다. 그것이 바로 오직 하나님께로부터 오는 '진리의 빛'입니다.

내가 무엇을 믿어야 할지, 어떻게 주님 안에 거하는 삶을 살 수 있을지, 그리고 어떻게 하나님이 분부하시는 것들을 헤아려 알고 순종하면서 살 수 있는 힘을 공급받을 수 있는지와 같이 영적인 비밀들을 동반한 지식들은 진리의 빛에 비춤 받지 않으면 절대 알 수 없는 것들입니다.

이러한 사실들은 구약시대에 하나님께서 제사장을 만나 주신 장소였던 성막 구조의 영적인 의미에서도 알 수 있습니다. 지성소와 성소가 있었던 회막은 세마포, 염소 털, 수양 가죽, 해달 가죽의 네 겹으로 되어 있었습니다. 그래서 외부로부터 한 줄기 빛도 들어올 수 없었던 곳이었습니다.

그렇기 때문에 제사장에게 무엇보다 필요했던 것은 등불이었습니다. 그리고 하나님께서는 그들을 위해 특별히 순결한 기름을 태운 등불을 지정해 주셨습니다. 그래서 제사장들은 그 등불 덕분에 세상의 햇빛이 모두 차단된 성소에서도 하나님을 섬길 수 있었던 것입니다.

이처럼 하나님께서는 당신의 종들이 하나님을 섬길 때 이 세상 모든 사람이 볼 수 있는 빛으로서가 아니라 하나님이 지정하신 빛의 도움을 받기를 원하십니다. 그리고 이 진리의 빛은 바로 하나님의 '말씀'입니다.

또한 우리는 구약 시대에도 그랬거니와 특별히 예수 그리스도께서 오신 신약 시대에도 동일하게 거룩하신 하나님의 임재 앞으로 나오는 중요한 방편이 진리의 빛인 하나님의 말씀임을 확신할 수 있습니다. 말씀이 조명하시면 무지 가운데 있었던 사람들에게 영적인 비밀들이 보이는 놀라운 일들이 일어납니다.

이 진리의 빛은 우리로 하여금 하나님이 누구이신지, 하나님께서 원하시고 기뻐하시는 것은 무엇인지, 그리고 그렇게 살 수 있도록 하는 힘이 어디에서 나오는 것인지 밝히 보여 줍니다. 우리가 그 빛으로 말미암아 진리를 깨달았을 때 말로 형용하지 못할 감사와 감격이 밀려옵니다.

그리고 그것이 바로 하나님을 만나는 것입니다. 아무 것도 깨달은 것이 없는데도 아름다운 음악에 감동을 받아 눈물이 났다고 해서 하나님을 만났다고 생각하는 것은 잘못된 판단입니다. 하나님을 만나는 것은 바로 하나님의 말씀을 듣고 그분의 존재와 성품을 깨달아 아는 것이기 때문입니다. 그러므로 경건한 사람들은 말씀의 빛 없이는 살 수 없는 사람들입니다.

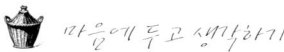
마음에 두고 생각하기

세상뿐만 아니라 교회에서도 진리의 빛이 필요하다는 평범한 복음 진리를 모르는 사람들이 있습니다. 세상 지식과 높은 지위, 다년간의 역사와 전통에 빛나는 교회 생활, 인간적인 인내와 육적인 성실성으로 진리의 빛을 대체하고 허덕이고 있지는 않습니까?

말씀에 대한 깨달음은 경건의 시작입니다

"너는 귀를 기울여 지혜 있는 자의 말씀을 들으며 내 지식에 마음을 둘지어다"(잠 22:17).

인간이 자신이 만들어 낸 모든 사물들을 흔적조차 없이 파괴할 수 있게 된 원자 시대atomic age에서 살아남기 위해서는 기독교의 진리를 포기하고, 시대에 맞는 새로운 탐구를 시작해야 한다고 주장하는 사람들이 있었습니다. 그들은 자신들의 처지를 지도도 없이 바다 한가운데 떨어져 있는 것에 비유하여 이제부터 사태를 추측해 보아야 한다고 생각했습니다.

하지만 로이드 존스D. M. Lloyd-Jones 목사님은 그들에 맞서, 지도가 없이는 인생의 항해를 할 수도 없을 뿐더러 이미 우리에게는 바닷길을 알고 있는 항해자가 있다고 단언했습니다. 그 항해자는 우리 심령에 선포하시는 분, 길이요, 진리요, 생명이신 유일한 왕 예수 그리스도이십니다. 그런데 어느 시대나 동일하게 존재했던 지금 우리의 문제도 결코 작아 보이지는 않습니다. 항해자의 말에 귀를 '닫고' 있기 때문입니다.

사도 베드로가 "너희는 택하신 족속이요 왕 같은 제사장들이요" 벧전 2:9라고 전한 것처럼 우리는 세상이 참된 중보자이신 그리스도 예수를 알도록 부름 받은 또 다른 의미의 영적인 제사장입니다. 그런데 제사장이 하나님을 섬기려고 문을 열고 성소에 들어갔는데 등불이 꺼져 있다고 상상해 보십시오. 과연 제사장이 그곳에서 조금이나마 하나님을 섬길 수 있겠습니까? 아마도 한 발자국도 움직일 수 없을 것입니다. 빛이 없는 가운데서 이리저리 돌아다니다가 거룩한 떡상을 발로 밟으면 어떻게 합니까? 향단을 쓰러트리면 어떻게 될까요? 잘못하다가 휘장을 밟고 넘어지면 어떻게 됩니까? 어쩌면 죽을지도 모릅니다.

그런 면에서 하나님의 말씀에 대한 깨달음이 없이 신앙생활을 하는 사람들은 매우 위험합니다. 그리고 오늘날 진리에 대한 아무런 깨달음이 없는 사람들에게 "이렇게 저렇게 사시오. 선교지로 나가시오. 목회를 하시오. 교회에 충성하시오."라고 이야기하는 것은 불 꺼진 성소로 그들의 등을 떠미는 것과 똑같은 일입니다. 하나님을 위해서 살기로 한 순간부터 우리에게는 더 많은 어두움이 기다리고 있습니다. 그러므로 경건한 사람일수록 진리의 빛, 말씀에 대한 깨달음이 더욱더 필요합니다.

그래서 바울도 로마서에서 하나님의 선하시고 기뻐하시고 온전하신 뜻이 무엇인지 분별하라고 하였습니다. 자기가 생각하기에 좋은 것을 따라 살아가는 것이 아니라 바로 아버지의 뜻을 따라 살아가야 하는 것입니다.

우리가 어디에서 그것을 알 수 있습니까? 하나님의 말씀이 아니겠습니까? 성경만 들고 다닌다고 하나님의 뜻을 따라 살 수 있는 것이 아닙니다. 말씀을 읽고 듣고 묵상하고 연구하여 깨달아야 살 수 있는 것입니다.

제사를 드리기에 앞서 순결한 기름을 등대에 부어 찬란한 불이 붙도록 만드십시오. 말씀에 대한 깨달음이 없이 아무렇게나 "내가 한번 주를 위해 살아 볼 거야!"라고 주먹을 불끈 쥐는 사람들의 인간적인 결심이 모두 하나님의 나라를 이루는 도구로 사용되는 것은 아닙니다.

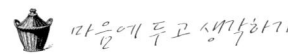 마음에 두고 생각하기

하나님께 쓰임 받는 사람의 첫째 조건은 도덕적인 흠을 닦아 내거나 있는 것으로 덧붙이는 것이 아닙니다. 먼저 말씀을 깨닫는 일이 필요합니다. 그렇지 않으면 그의 섬김이 순결할 수 없기 때문입니다.

말씀에 대한 현재적인 사모함이 있어야 합니다

"내가 주의 계명을 사모하므로 입을 열고 헐떡였나이다"(시 119:131).

제가 신앙생활을 시작할 무렵 다니던 교회의 금요 기도회 시간에 몇 사람이 졸고 있었습니다. 목사님은 설교 도중에 굉장히 노여워하시며 두 분을 지적하셨습니다. "당신 두 사람 때문에 우리 예배가 하나님 앞에 열납되지 않으면 나머지 사람들에게 어떻게 보상할 겁니까?" 교인이 25명 남짓 됐던 작은 교회였고 졸던 두 분은 권사님이셨기 때문에 상당히 민망스러웠을 것입니다. 마음 놓고 푹 자지도 못하고 꾸벅꾸벅 졸았는데 말입니다. 하지만 예배 시간에 가장 집중해야 할 시간은 하나님의 말씀을 듣는 시간임이 분명합니다. 우리는 성경이 바라는 기준에 미치지 못해도 한참 미치지 못합니다.

예배 시간에 가장 심각한 문제는 집중을 하지 않고 멍하니 있는 것입니다. 그 가운데서 무슨 진리의 빛을 공급받고 등불을 켜겠습니까? 그렇기 때문에 인생에서 문제에 부딪히면 하나님을 믿는 신앙이 아무런 도움이 되지 않는 것입니다. 교회에 출석한 기록은 있지만 등대에는 한 번도 불이 켜진 적이 없기 때문에 성소에 들어가기만 하면 떡상을 밝거나 휘장을 밟고 난리입니다.

세례 문답을 받기 위해 공부하는 정도가 자동차 면허 시험 준비를 하는 것의 5분의 1도 되지 않습니다. 그렇게 살면서 지식의 빛이 비추기를 기다리는 것은 그야말로 도둑놈 심보입니다. 생각해 보십시오. 진리를 사모한 적이 없는 사람의 마음에 어떻게 진리의 빛이 있을 수 있겠습니까? 기름이 부어진 적이 없는 그 등불에 어떻게 밝은 빛이 비춰서 하나님을 어떻게 섬겨야 할지 알 수 있겠냐는 말입니다. 말씀의 사모함이 없으면 점점 물러가는 자가 되어 버리는 것입니다.

　그러므로 우리 마음속에는 예배에 대한 현재적 사모함이 넘쳐야 합니다. 어떻게 하면 한 번뿐인 내 인생을 주님의 뜻대로 살까, 더 이상 게으름과 무지로 말미암아 하나님을 거스르며 살면 안 되겠다는 마음으로 하나님께 예배를 드리십시오. 그리고 그 길을 선명히 비추어 달라고 기도하십시오. 그렇게 하나님의 진리의 빛이 어두운 지성을 밝히는 예배를 드리고 나면 내가 그동안 너무나 무지 속에서 살았다는 회개와 그래도 이제 내가 이 빛을 소유하게 되었다는 기쁨이 함께 있을 것입니다.

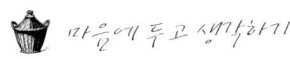
마음에 두고 생각하기

고통하고 근심하는 순간들 중 10분의 1만이라도 하나님의 말씀을 깨닫는 일에 사용해 보십시오. 삶에 놀라운 변화가 있을 것입니다. 하나님의 말씀을 사모하는 사람들이 그것을 위해 자기를 투자하고 희생할 때 하나님께서는 예배를 통해 더 많은 지식의 빛을 공급해 주실 것입니다.

말씀은 나그네 인생길의 노래이자 위로입니다

"나는 땅에서 객이 되었사오니 주의 계명을 내게 숨기지 마소서"(시 119:19).

한 나그네가 뙤약볕 아래서 끝없이 이어지는 거친 광야 길을 걷고 있었습니다. 허리에는 가죽 물주머니를 찼고 등에는 망태를 짊어졌습니다. 시간이 흐르자 목적지에 다다르기도 전에 물주머니에는 물이 떨어지고, 망태에는 양식이 하나도 남지 않게 되었습니다. 어느덧 완전히 지쳐 버린 나그네는 한 걸음도 뗄 수가 없었습니다. 허기짐은 물론, 목은 타들어 가는 것 같았습니다. 그런데 저 멀리 무언가 보였습니다. 그것은 화려한 집 한 채였습니다. 나그네는 마지막 힘까지 짜 내어 그곳에 다다랐고 도착하자마자 다급하게 말했습니다. "물 한 모금만 주시겠습니까?"

여러분은 지금 이 나그네에게 가장 필요한 것이 무엇이라고 생각합니까? 나그네에게는 화려한 집, 엄청난 부, 사랑스러운 인간관계보다 목마를 때에 한 모금의 물, 허기질 때 시장기를 면할 수 있는 한 그릇의 밥이 소중한 법입니다. 왜냐하면 그곳이 어차피 자기가 살 땅이 아니며, 그것들을 영원히 소유할 수 없다는 사실을 너무나 잘 알기 때문입니다. 나그네는 소중한 한 모금의 물을 마신 후 다시 길을 떠나야만 합니다.

우리는 시편에서도 이렇게 자기가 나그네 됨을 알았던 시인을 만날 수 있습니다. 그의 고백을 들어보십시오. "나는 땅에서 객이 되었사오니 주의 계명을 내게 숨기지 마소서"시 119:19. 그런데 이상하지 않습니까? 나그네 된 것과 주님의 말씀을 깨닫는 것은 전혀 관련이 없어 보입니다.

여기에 세상 사람들은 알지 못했으나 시인은 알고 있는 비밀이 숨겨져 있습니다. 나그네와 같은 인생길에서 하나님께서 누구에게 친밀함을 보이시는지, 어떻게 힘을 공급해 주시는지, 슬픔 속에서도 웃고 원수들로 둘러싸여 있어도 승리의 하나님을 찬송하는 비결이 무엇인지에 관한 '비밀' 말입니다.

그리고 이 모든 것의 중심에는 바로 하나님께서는 당신의 계명을 지키며 순종하기 위해 주님의 '말씀'을 붙드는 사람들에게 친밀한 사랑을 보이신다는 사실이 있습니다.

하나님의 말씀으로부터 위로를 받고 그 진리의 은혜 속으로 피하는 영적인 세계를 가진 사람들에게 고난은 그를 거룩한 성도로 만드는 비결이지만, 이성이 없는 짐승과 같아서 도무지 어떤 시련 속에서도 하나님의 말씀으로 피하지 않으려고 하는 사람들의 고난은 그를 더욱더 짐승처럼 만들어가는 계기가 될 뿐입니다.

그렇다면 하나님의 말씀이 나그네와 같은 여러분의 인생길에 있어서 노래이자 위로가 되고 있는지 살펴보십시오. 경건하지 못한 성도들은 세상으로부터 소외당할 때마다 어떻게 하면 세상과 화해해서 자기도 세상에 속한 사람들이 받는 사랑과 귀여움을 받을 수 있을까를 생각하지만 경건한 성도들은 이 세상에서 소외되면 소외될수록 더 빨리 하나님의 품으로 달려가기를 소망합니다.

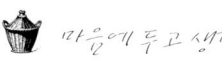 마음에 두고 생각하기

신자의 삶에 가장 큰 오류는 자기가 이전에 그리스도와의 연합을 위해 세상의 가슴에 칼을 꽂았다는 사실을 자꾸 잊어버리는 것입니다. 하나님을 떠나서 세상에서 우는 못난 성도가 아니라 말씀으로 피하는 성도에게 찬양의 노래가 있습니다.

말씀은 경건한 성도들을 새롭게 합니다

"여호와의 자비와 긍휼이 무궁하시므로 우리가 진멸되지 아니함이니이다
이것이 아침마다 새로우니 주의 성실이 크도소이다"(애 3:22-23).

조금 민망하기는 하지만 젊은 남녀들이 자신의 열정적인 사랑을 표현하기 위해 자주 쓰는 말이 있습니다. "영원히 사랑해."와 "모든 것들이 새로워 보여."입니다. 사실 사랑은 성부, 성자, 성령, 삼위 하나님의 교통하심 가운데 있는 것이고, 인간의 사랑은 그 사랑을 본 뜬 것이라고 할 수 있습니다. 물론 하나님의 사랑과 인간의 사랑은 질적으로 다릅니다. 하지만 하나님께서는 인간들이 타락했음에도 불구하고 놀랍게도 이 세상에서 하늘에 있는 것에 대한 향수를 느끼도록 허락하셨습니다.

그리고 하나님께서는 당신의 자녀들에게 그것과 비교할 수 없는 선물을 주셨는데 그것은 하나님의 말씀에 대한 뜨거운 사랑 가운데 하나님을 지속적으로 만나는 경험입니다. 그러한 경험에서 신자는 계속적으로 삶에서 새로움을 발견하게 됩니다. 그럴 때에는 이번 주의 가정, 이번 주의 직장, 이번 주의 교회가 저번 주와는 다르게 느껴집니다. 말씀이 우리를 새롭게 하시기 때문입니다. 지속적으로 말씀을 경험하는 사람들은 직장에서 돈을 많이 벌거나 높은 지위에 올라가는 것보다 그곳에서 나를 사용하여 일하시는 하나님을 섬기

는 것을 우선으로 합니다. 그리고 그들은 다시금 말씀 속에서 하나님께서 자기를 새롭게 쓰신 놀라운 증거들을 발견하며 기뻐합니다.

반면 진리의 세계가 없는 사람들은 하나님과의 새로운 경험도 없습니다. 우리는 흔히 하나님께서 스릴 넘치는 모험 영화 같은 삶을 살게 해주셔야지 건조하지 않은 신앙생활을 할 수 있다고 생각합니다. 하지만 이것은 잘못된 생각입니다. 그런 것 없이도 충분히 역동적인 신앙생활을 할 수 있습니다.

그렇다면 왜 그렇게 많은 그리스도인들이 지리멸렬하고 건조한 신앙생활을 하는 것일까요? 기도는 하는 것 같기도 하고 안하는 것 같기도 하고, 섬김은 기쁨이 없고 힘들기만 합니다. 그렇다고 그만두자니 뭔가 꺼림칙합니다. 왜 그렇게 불투명한 신앙생활의 늪에서 빠져 나오지 못하는 것이겠습니까? 답은 하나입니다. '말씀의 감화'가 사라졌기 때문입니다.

하나님의 말씀의 감화는 그리스도인에게는 박동하는 심장입니다. 쿵쾅쿵쾅 힘껏 뛰는 심장이 모세혈관 구석구석까지 피를 보낼 수 있습니다. 만일 혈압이 낮아서 박동을 치는데도 피를 끝까지 운반하지 못하면 노폐물이 계속 쌓이게 됩니다. 특히 공적인 예배에서 심장의 역할이 두드러집니다. 게으른 기도생활을 강하게 질책하기도 하고, 하나님과의 관계를 가로막았던 노폐물이 쌓이지 않도록 만듭니다. 또한 다른 사람들의 말대로 하려니 내 의견이 아쉽고 혼자 하자니 힘들었던 섬김, 지루하기 짝이 없었던 섬김에 말씀으로 감화된 피가 뻗어 나가면 막혔던 혈관이 힘차게 돌아가기 시작합니다. 하나님께서는 우리를 홀로 내버려두지 않으셨고 매일 지리멸렬한 생활을 하도록 뜻하지도 않으셨습니다. 말씀에 감화받는 새 삶을 통해 주님과 함께 새로운 기쁨들을 누리길 기도합니다.

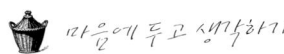 마음에 두고 생각하기

세상 사람들에게는 광대하고 아름다운 자연도 한낱 자기 만족을 위한 수단일 뿐이지만 말씀을 깨달은 신자들의 눈에 새롭게 비친 자연은, 창조주 하나님의 기묘한 솜씨를 찬양하지 않을 수 없게 만드는 이유입니다.

선포되는 말씀은 경건의 씨앗입니다

"이스라엘 자손이 애굽에서 나온 후에 증거하신 것과
규례와 법도를 모세가 선포하였으니"(신 4:45).

신자라면 누구나 자신에게 하나님의 은혜가 필요하다는 사실을 알고 있습니다. 그렇다면 우리는 몇 가지 수단으로 하나님의 은혜를 받을까요? 정답은 "셀 수 없다."입니다.

어떤 사람은 교통 사고를 계기로 은혜를 받는 사람도 있습니다. "내가 5분 빨리 차를 몰았더라면 저기에 부딪혔을 텐데." 이런 생각을 하며 하나님의 은혜를 느낍니다. 교회 화장실을 청소하다가도 은혜를 받습니다. "이렇게도 지워지지 않는 자국은 정말 나와 같구나." 하고 생각하며 말입니다.

하지만 이런 종류의 은혜의 수단들은 일반적인 것이 아닙니다. 그러면 어떤 사람들은 이렇게 말합니다. "여러 가지 중 하나만이라도 은혜를 받으면 되는 것 아닙니까? 모두 주님으로부터 오는 은혜이니까요." 하지만 이러한 것들은 신앙생활의 줄기가 아니라 잎사귀입니다.

신앙생활에서 가장 중심이 되어야 할 것은 '공적인 예배'에서 선포되는 말씀입니다. 그런데 공적인 예배를 통해서는 아무것도 공급받지 못하거나, 예배를 통해 진리를 깨닫고 그 진리의 빛을 소유할 수 있다는 기대를 전혀 하지 않고 의무감으로 예배에 참석하는 경우가 많습니다. 또는 개인적으로 성경을 읽는 사적인 예배에만 열심을 내는 사람들도 있습니다. 하지만 그런 태도를 가진 신자의 신앙생활은 충분한 영양을 받지 못하고 결국 분재처럼 시들어 버리기 일쑤입니다.

그러므로 우리는 경건생활에 있어서 진리의 밝은 빛이 비춰 오고 하나님의 말씀으로부터 함께 은혜를 받는 공적인 예배의 중요성을 깨달아야 합니다.

이스라엘 백성이 애굽으로부터 탈출했던 때를 떠올려 보십시오. 이스라엘 백성은 순수 히브리 혈통으로만 구성되었던 것이 아니었습니다. 다른 나라에서 온 노예들을 포함해 성경은 그들을 중다한 잡족, 즉 '에레브 라브'עֵרֶב רַב라고 기록하고 있습니다. 아마도 모세는 그렇게 중다한 잡족들을 포함하여 이스라엘 백성의 갈래갈래 찢겨진 마음, 두려움, 믿음 없음 때문에 많은 어려움을 겪었을 것입니다.

그러나 하나님은 모세로 하여금 열 가지 재앙을 애굽에 선포하도록 하셨습니다. 그리고 실제로 그 일들을 통해 애굽을 징벌하셨고 자신의 백성을 보호하심을 드러내셨습니다. 그러자 이 모든 것을 함께 경험한 이스라엘 백성은 험난한 길을 향해 발을 내딛고 계속해서 모세를 도구로 삼으셔서 자신들에게 말씀하시는 하나님과 동행하며 광야를 헤쳐 나갈 수 있었던 것입니다.

근래에는 인터넷을 통해 어디서나 설교 말씀을 들을 수 있게 되었습니다. 그러나 이것은 불가피한 사정을 가진 사람들을 위해서나 혹은 선교적인 차원에서 사용될 뿐입니다. 절대로 잊어서는 안 될 것은 하나님께서는 인간이 만들어 놓은 시스템에 맞춰 임하시는 분이 아니라는 사실입니다.

한데 모여 한 마음으로 하나님의 말씀을 듣는 공적인 예배를 통해 만나 주시는 하나님을 경험하는 것이 경건한 삶의 중심임을 잊지 마십시오.

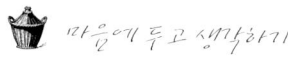 마음에 두고 생각하기

공적인 예배를 산 위의 저수지라고 한다면 개인적인 예배는 그곳으로부터 흘러나오는 실개천입니다. 그리고 여러분의 경건의 삶은 그곳에 뿌리 박은 나무의 열매일 것입니다.

경건한 성도들에게 말씀은 매일의 양식입니다

"예수께서 대답하여 가라사대 기록되었으되 사람이 떡으로만 살 것이 아니요
하나님의 입으로 나오는 모든 말씀으로 살 것이라 하였느니라 하시니"(마 4:4).

그리스도인은 공적인 예배를 통해 하나님이 주신 말씀을 붙들고 살아야 합니다. 하지만 그것이 전부는 아닙니다. 이스라엘 백성이 매일 그날 먹을 만나를 구했던 것처럼 우리도 영의 양식인 말씀을 주시는 하나님의 세미한 음성을 날마다 듣는 훈련이 필요합니다. 그 일이 바로 사적인 예배라고 할 수 있는 성경을 읽는 것입니다.

그런데 문제가 있습니다. 인간은 부패한 성품 때문에 육적인 일들은 아주 쉽게 여기고 신나하지만 영적인 일들은 매우 힘겨워 한다는 것입니다. 쉽게 말하자면 드라마를 보는 한 시간은 짧게 느껴지지만 기도하는 한 시간은 무척 길게 느껴진다는 것입니다.

성경을 읽는 것도 그렇습니다. 소설은 다음 내용이 궁금해서 참을 수 없지만 성경 읽기는 나중으로 미루어도 상관이 없다고 생각합니다. 그래서 어떤 사람들은 내적인 충동과 요구에 따라 성경을 읽고 싶을 때까지 기다렸다가 읽고 싶을 때 읽으라고 말하기도 합니다. 그러나 이런 이야기는 인간을 너무나도 모르는 허황된 이야기일 뿐입니다.

그러므로 우리는 이런 태도를 버리고 스스로를 규제해야 합니다.

육신을 위해서는 매일 양식을 챙기면서 영적인 양식은 매우 하찮게 여기는 태도를 버리고 신앙의 상태가 열렬할 때이든지 그렇지 않을 때이든지, 마음에 근심과 염려가 있든지 없든지 꼬박꼬박 성경을 읽도록 스스로에게 명령해야 합니다.

다른 이들이 말씀의 빛을 받고 은혜를 받을 때 언제까지 냉랭함만 느끼는 신앙생활을 하겠습니까? 신자는 어떤 식으로든지 매일 성경을 읽지 않는 것을 핑계 댈 수 없는 사람들입니다. 하나님 앞에서 그 이유는 오직 '나태'와 '태만'일 뿐입니다.

그리고 우리는 매일 성경을 읽는 가운데 주님께 진리를 깨닫게 해달라고 그분의 도우심을 먼저 구해야 합니다. 등대에 아무리 성냥을 그어 대도 순결한 감람유 없이는 불이 붙을 수 없는 것처럼 자기 힘으로 성경을 읽는 것은 얼어붙은 땅에서 헛되이 불을 지피는 것과 같습니다. 불을 붙게 하시는 이는 주님이십니다. 성령의 큰 은혜로 주의 진리를 깨닫게 해달라고 구하며 조용한 곳으로 나아가 매일 주님의 말씀을 읽으십시오.

 마음에 두고 생각하기

성경을 읽는 것은 그리스도인의 의무입니다. 그리스도인은 주님의 숨결이 있는 성경을 읽으며 주님을 사랑하게 됨으로 경건이 자라납니다. 언젠가는 한가한 날이 올 거라는 생각을 버리십시오. 오히려 하나님께서는 말씀을 읽는 사람의 시간을 축복하실 것입니다.

말씀 묵상은 경건을 스며들게 합니다

"오직 여호와의 율법을 즐거워하여 그 율법을 주야로 묵상하는 자로다"(시 1:2).

시편은 주전 15세기경부터 4세기경까지 쓰인 것으로 알려져 있습니다. 그런데 아마도 편집에 참여했던 사람들은 수많은 시들 가운데 어떤 구절을 첫 번째에 놓을지 많은 고민을 했을 것입니다. 책의 첫머리가 다른 부분들보다 더 눈에 띄기 때문입니다. 결국 첫 구절은 다음과 같이 정해졌습니다. "복 있는 사람은 악인의 꾀를 좇지 아니하며 죄인의 길에 서지 아니하며 오만한 자의 자리에 앉지 아니하고 오직 여호와의 율법을 즐거워하여 그 율법을 주야로 묵상하는 자로다"시 1:1-2.

히브리 원문을 보면 "복 있는 사람"은 팔복마 5장을 기술하는 방식으로 "무엇무엇 하는 사람의 행복이여"라고 되어 있습니다. 이것으로 유추해 볼 때 이 구절은 말씀을 '묵상'하는 사람들에게 신령한 복이 있다는 것입니다. 그렇다면 이 묵상이 어떻게 우리의 개인적인 경건생활에 도움을 줄까요?

히브리어에서 일반적으로 '생각하다'라는 의미로 쓰이는 묵상은 성경으로 하여금 우리에게 말할 수 있도록 성경 앞에서 마음을 여는 것을 말합니다. 그런데 사실 이것이 쉽지 않습니다. 우리는 설교를 듣거나 성경을 읽을 때마다 말씀이 우리를 읽도록 하지 않고 스스로 원하는 것을 찾아내려 하는 경향을 가지고 있습니다. 즉 그 말씀으로 자기가 느끼고 생각한 것들에 대해서 동의를 받거나 자기의 필요를 채우고 싶어 하는 것입니다. 하물며 하나님의 말씀에 대해 편견을 가지고 있거나 딴 생각으로 머리를 가득 채워서 집중하지 않고 듣는 경우에는 하나님의 말씀이 우리의 심령 속에 깊이 밀려올 수 없습니다.

하지만 묵상의 묘미를 느끼면 진짜 하나님의 말씀이 자기의 말씀이 됩니다. 마치 잘 담근 장이 세월을 더해 갈수록 따뜻한 볕을 쬐며 그 맛을 더해 가는 것과 같이 한 번으로 알 수 없던 진리의 말씀의 깊은 맛을 묵상을 통해 느끼게 되는 것입니다.

그리고 그 묵상은 삶에 경건이 스며들도록 도와줍니다. 그래서 어느 청교도는 말하길 "묵상은 하나님 말씀을 걸러 가슴으로 내려오게 하는 깔때기"라고 하였습니다. 그리고 이렇게 제대로 묵상이 끝나는 순간, 우리 마음에는 하나님 말씀의 강한 요구로 가득 차게 될 것입니다. 그러므로 경건한 성도들은 이렇게 묵상을 통해 말씀이 자신에게 머무는 은혜를 받고, 그 향기가 삶 가운데서도 배어 나는 사람들이라고 할 수 있을 것입니다.

 마음에 두고 생각하기

주님의 말씀대로 살기 위해서는 하나님의 말씀이 가슴에서 우러나도록 만드는 깊은 묵상이 필요합니다.

# 묵상의 첫 번째 비결은 정확한 이해입니다

"또 주의 모든 일을 묵상하며 주의 행사를 깊이 생각하리이다"(시 77:12).

목사님 한 분이 은혜를 많이 받고 부흥사가 되어 설교를 하던 중이었습니다. 그날 본문은 "사람이 등불을 켜서 말 아래 두지 아니하고"마 5:15라는 말씀이었습니다. 등불까지는 아무런 문제가 없었습니다. 그런데 그 목사님이 "말 아래 두지 아니하고"에서 말이 말馬인 줄 알았던 모양입니다. 사실 그 말bushel은 헬라인들이 사용했던 약 5되 반 정도의 통을 지칭하는 것입니다. 결국 그 구절은 등불을 켜서 높은 곳에 올려놓아야지 방안이 두루 환해진다는 의미입니다.

그런데 이것을 잘못 이해하고 설교를 시작했습니다. "옛날에는 석유 램프였기 때문에 뜨거운 기운이 위로 올라왔을 텐데 배꼽이 뜨거운 말이 가만히 있었겠습니까?" 그리고는 말 아래 등불을 두는 어처구니없는 사람들에 대한 공박으로 설교를 끝마쳤습니다. 그런데 왠지 이상해서 집으로 돌아와 다시 찾아보니 그 말이 그 말이 아니었습니다. 어떻게 다시 가서 아니라고 말할 수 있을까요?

신자들은 설교를 들을 때 오늘은 꼭 은혜를 받아야겠다는 생각을 너무 앞세우는 경향이 있습니다. 하지만 우리가 제일 먼저 할 일은 잘 깨달아야겠다는 마음으로 설교를 듣고 '정확하게 이해하는 것'

경건을 위한 말씀생활 · 131

입니다. 많은 사람들이 첫 번째 설교를 들었을 때는 은혜를 못 받다가 같은 내용을 다른 매체로 두 번째 듣고 은혜를 받았던 경험을 가지고 있습니다. 그것은 책을 여러 번 읽으면 그 책의 의미를 더 잘 파악하게 되고 책에 대한 이해가 깊어지는 이치와 같습니다. 그런 것처럼 말씀이 선포되는 시간에도 하나님의 말씀이 우리에게 정확하게 이해되면 그 이해를 통해 하나님께서 우리에게 말씀하십니다.

그러므로 정확한 의미를 파악하지도 않고 말씀의 은혜가 충만하다고 느끼는 것은 거짓이라고 할 수 있습니다. 그리고 설혹 은혜가 있더라도 그런 은혜는 결코 신자를 견고하게 만들지 못합니다. 게다가 요즘에는 성경을 읽을 때 성경적인 분위기를 가진 공상이나 혹은 종교적인 공상을 막아 주고 정확한 의미 파악을 도와주는 바람직한 성경 사전과 주석들이 많이 있습니다. 이런 갖가지 선한 도구들을 활용하는 것도 좋은 방법 가운데 하나입니다.

그러므로 제일 먼저 말씀을 정확히 이해하기 위해 힘쓰십시오. 신자에게는 그렇게 말씀을 읽으면 읽을수록 그 의미를 올바로 깨닫고 경건이 자라나는 경험은 무엇과도 바꿀 수가 없는 은혜입니다.

 마음에 두고 생각하기

지성은 하나님께서 당신을 알리시기 위해 인간에게 주신 영혼의 기능입니다. 말씀에 대한 정확한 이해도 없이 은혜를 받기 원하는 마음은 열매가 떨어지기를 누워서 기다리는 사람의 게으름과 같습니다.

묵상의 두 번째 비결은 마음을 여는 것입니다

"그 일 후에 하나님이 아브라함을 시험하시려고 그를 부르시되 아브라함아 하시니 그가 가로되 내가 여기 있나이다"(창 22:1).

병원이나 약국에 가 보면 매우 어리석은 환자들이 있습니다. 자신의 병명을 꼬치꼬치 캐묻는 환자도, 돈이 아깝다며 투덜대는 환자도 아닙니다. 바로 의사가 불친절하다며 무시하고 처방에 따르지 않는 사람들입니다.

사실 의사들의 무심해 보이는 태도에도 이해할 수 있는 측면이 있습니다. 미국의 의사들은 처음으로 인체를 해부할 때부터 인간적인 감정을 억제하고 단지 주검을 의학적인 사례로 보는 훈련을 받는다고 합니다. 진료할 때도 마찬가지입니다. 환자는 몸이 아파서 병원을 찾은 사람들이기 때문에 평소와 달리 우울함에 빠져 있는 경우가 대부분입니다.

그래서 의사들은 환자를 객관적으로 대하는 것입니다. 그러나 그것이 마음에 들지 않는다 하더라도 환자는 의사의 처방을 무시해서는 안 됩니다. 정확한 치료와 빠른 회복을 위해서 환자는 열린 마음으로 의사의 말을 따라야 합니다.

묵상의 두 번째 비결은 선하시고 완전하신 하나님의 말씀에 '온전히' 마음을 여는 일입니다. 그래서 진정으로 설교를 듣고, 성경을 읽는다는 것은 이런 의미입니다. "무슨 말씀이든지 주께서 하시면 나는 듣겠습니다." 우리에게는 항상 이처럼 하나님의 말씀을 청종하려는 자세가 절대적으로 필요합니다. 그런 마음으로 성경을 읽어 내려가다가 무언가 자신에게 말씀하시는 부분이 있다고 생각되면 줄을 긋고 다시 반복해서 읽으십시오. 만일 그런 구절이 없다면 다음으로 넘어가도 됩니다.

어떤 때는 다른 풍경이 펼쳐져 보일 때가 있습니다. 매일 지나던 숲길처럼 걸어가던 말씀이었는데 주님이 이끄시는 곳으로 따라가다 보면 영혼을 적시는 시원한 샘물이 솟아나고 금싸라기와 같은 빛들이 마음에 떨어지는 것입니다. 그렇게 당신의 말씀으로 우리에게 깨닫게 하실 경우에는 다른 때보다 더 깊이 그 말씀을 묵상하십시오.

설교를 들을 때도 마찬가지입니다. '오늘 하나님의 말씀이 나에게 무언가 강력한 도전을 주었다.' 이것으로는 아직 멀었습니다. 설교 내용을 정확히 이해하고 그 내용을 반복하여 묵상하면서 하나님께서 나에게 말씀하시도록 마음을 여는 작업이 필요합니다.

정독한 말씀을 통해, 그리고 선포된 설교를 통해 하나님께서 내 영혼에 변화를 일으키시도록 말씀을 되새기십시오. 그 구절을 반복하여 생각할 뿐 아니라 하나님의 뜻과는 다른 자신의 부패한 마음을 생각하십시오.

그 일을 위해서는 묵상默想이 본래 의미하는 바와 같이 감각적인 것들로부터 잠시 떨어져 침묵하는 시간이 절대적으로 필요합니다.

그렇게 조용한 가운데 나아가 마음을 열고 진리의 말씀에 깊이 귀기울이는 사이에 주님께서 당신 말씀을 더 깊이 깨닫도록 우리를 친히 인도하실 것입니다.

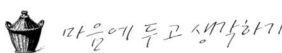 마음에 두고 생각하기

믿음의 조상 아브라함은 주께서 부르시면 "내가 여기 있나이다."라고 대답하였습니다. 그때 엄위로우신 하나님 앞에 아브라함의 마음이 어떠했을지 묵상해 보십시오.

묵상의 세 번째 비결은
하나님의 마음을 읽으려는 열심입니다

"여호와의 말씀은 정직하며 그 행사는 다 진실하시도다"(시 33:4).

성경은 하나님의 신실하심과 진실하심에 대해 많은 이야기를 합니다. 우리는 듣기 좋은 이야기만 하는 사람은 물론이고, 정직한 사람이라고 해서 모두 '진실하다'고 평하지는 않습니다. 진실한 사람은 자기 마음속에 있는 생각과 입을 통해 나오는 언어가 일치하는 사람입니다. 더 나아가 삶도 그 언어와 분리되지 않는 사람들에게 우리는 '진실하다'고 말하는 것입니다.

하나님은 정말로 진실하신 분입니다. 하나님께서는 절대로 마음에 없는 말씀을 하지 않으시고 당신의 말씀을 그대로 이루시기 때문입니다. 그래서 하나님께서는 식언치 않으시며 그 말씀에는 항상 그분의 마음이 담겨 있습니다. 게다가 우리가 하나님의 기쁨이 되지 못할 때에도 하나님의 진실하심은 드러납니다. 성전에서 매매하는 자들을 호되게 꾸짖으셨던 것처럼 우리의 경건생활 가운데서 하나님의 기쁨이 되지 못할 때 하나님께서 우리를 기뻐하시지 않는다는 사실을 드러내시는 것입니다.

그러므로 묵상의 세 번째 비결은 말씀에 대한 바른 이해와 함께 성경에 담겨진 진실한 하나님의 마음을 읽는 '열심'을 가지는 것입니다. 묵상을 할 때는 하나님의 마음이 전수되어야 합니다. 그래야 말씀의 참된 의미가 살아나고 그 말씀이 우리 마음의 구석구석에 강한 영향력을 끼칠 수 있습니다. 수십 권의 성경 주석을 갖다 놓아 보십시오. 하나님의 마음이 부어지도록 기도하고 자신의 마음을 여는 일이 없다면 아무런 소용이 없을 것입니다.

어떤 의미에서는 강단에서 선포되는 말씀도 그와 같다고 할 수 있습니다. 그 말씀을 우리에게 주셨을 때에 하나님 안에 담겨 있던 그 마음이 강물같이 밀려와서 설교자의 마음을 때리는 것으로 설교는 시작됩니다.

그리고는 그 강물이 다시 성도들의 마음으로 밀려들어가 모두 한 하나님의 마음을 갖게 되는 것입니다. 그제야 우리는 하나님께서 그렇게 말씀하실 수밖에 없던 마음을 깨달을 수 있습니다. 또한 그렇게 전해진 말씀은 우리가 삶 가운데서도 그 말씀의 감동을 따라서 살 수 있도록 결단하게 만들어 줍니다.

그러므로 우리는 모두 진실하신 하나님의 마음을 읽으려는 열심을 가져야 합니다. 우리의 패역함과 악한 것에 대해서는 견딜 수 없이 아파하시는 마음, 그럼에도 불구하고 당신의 독생자를 주시기까지 우리를 사랑하시는 마음, 우리가 그 사랑을 깨달아 다른 어떤 것에도 기대를 걸지 않고 오직 하나님만 사랑하고 의지할 때 한없이 기뻐하시는 하나님의 마음을 읽어야 합니다.

아니, 읽는 정도가 아니라 그 마음이 우리에게 부은 바 되기를 간절히 기도해야 합니다.

그러면 주님께서 당신의 자녀 한 사람 한 사람에게 그분의 마음을 알게 하실 것입니다. 그리고 우리는 그분의 기뻐하시는 뜻을 좇아 살 힘을 얻게 됩니다.

 마음에 두고 생각하기

지금 마음속에 성경 말씀이 생동하는 것을 경험하고 있습니까? 성경에는 심판받을 자기의 백성을 보시면서 아파하시는 하나님의 마음이 핏빛으로 배어 있다는 것을 기억하십시오.

경건한 성도는
말씀 앞에서 교만할 수 없습니다

"교만에서는 다툼만 일어날 뿐이라 권면을 듣는 자는 지혜가 있느니라"(잠 13:10).

사람은 성경을 읽으면서도 교만해질 수 있습니다. 머리로만 성경을 공부하면 말입니다. 하지만 온 인격으로 성경을 배운 사람들은 설령 머릿속에 탁월한 지식이 쌓였다고 할지라도 교만해질 수 없습니다. 참 신기한 것이, 하나님의 말씀은 모르면 모를수록 깨달아야 할 필요성을 못 느끼고 교만해지지만, 말씀을 깨닫고 성도다워지면 성도다워질수록 자신이 정말 희망 없는 인간이라는 것을 고백하게 됩니다. 그리고 그런 고백을 하는 시간이 오히려 주님의 은혜가 우리를 붙들고 있는 때입니다.

시편 기자도 그런 고백을 했던 사람이었습니다. "주의 얼굴로 주의 종에게 비취시고 주의 율례로 나를 가르치소서"시 119:135. 이 말씀을 통해 우리는 시인 자신이 주의 율례로 가르침을 받아야만 하는 한 인간에 불과하다는 사실을 가슴에 담고 있다는 것을 알 수 있습니다. 그때 시인의 마음은 어떠했을까요? "주님, 제게 가르쳐주시기는 하는데요, 제가 초보라고 생각하시면 곤란합니다. 저는 그래도 꽤 하지 않습니까? 다른 사람들과는 다른 수준으로 대해 주세요." 이렇게 잘못된 태도로 한 수 배우겠다는 마음은 절대로 아니었을 것입니다.

그 순간 시인에게는 하나님의 말씀을 지키며 율례를 따라 살아왔던 충성스러운 삶에 대한 기억도 존재하지 않습니다. 더욱이 그 말씀을 지키고 진리를 따라 살기 위해서 세상으로부터 고난과 박해를 당했던 기억도 없었을 것입니다. 지금은 오직 "주여, 오셔서 오늘도 나를 깨우치시옵소서! 그리하지 아니하시면 나는 이 어두운 세상 속에서 주님의 은혜로부터 멀어진 삶을 살 수밖에 없습니다."라고 말하고 있는 것입니다.

우리도 시인처럼 낮은 마음으로 엎드려 말씀을 깨닫기를 간절히 원하지 않는다면 주님을 거스르고 살아가는 세상을 위해 눈물을 흘릴 수 없습니다. 그러나 그러한 마음으로 하나님의 말씀을 사모한다면, 시간과 정도의 차이는 있지만 우리도 결국 주님이 가슴 아파하는 세상을 만들어 가는 사람 중 한 사람이 될 것입니다.

하나님 앞에 엎드려 말씀을 깊이 사랑하고 그 율례를 배우기를 힘쓰십시오. 주의 손에 붙들린 채로 하나님께서 우리에게 진리를 공급해 주시지 않으면 우리는 한 순간에 아무것도 아닌 존재들일 뿐입니다.

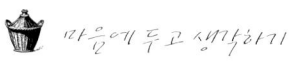
마음에 두고 생각하기

경건한 성도들은 말씀을 자랑의 잣대로 삼는 사람들이 아니라 말씀에 순종하고 그에 따라 사는 사람들입니다. 진정 진실하고 지혜로 가득 찬 총명은 하나님을 경외하는 데서 비롯된다는 사실을 잊지 마십시오.

경건은 머리에만 머물지 않습니다

"형제들아 내가 그리스도 예수 우리 주 안에서 가진 바
너희에게 대한 나의 자랑을 두고 단언하노니 나는 날마다 죽노라"(고전 15:31).

알퐁스 도데Alphonse Daudet의 단편 『소년 간첩』 이야기입니다. 파리의 공원지기인 주인공 스뗀느 영감은 젊은 시절에 군인이었습니다. 그는 아들, 꼬마 스뗀느와 단둘이 함께 행복하게 살고 있었습니다.

그런데 불행하게도 프러시아와의 전쟁이 발발하고 말았습니다. 파리 시내는 이내 참혹하게 변해 버렸고 스뗀느는 분을 내며 집으로 돌아오기가 일쑤였습니다. 그날도 여느 때와 같이 터벅터벅 집으로 돌아오던 길이었습니다. 그런데 꼬마 스뗀느가 바닥에 번쩍이는 은화들을 쏟아 놓은 채 그를 보자마자 울음을 터트리는 게 아니겠습니까?

"훔쳤니?" 꼬마 스뗀느는 자기가 어떤 아이의 꼬임에 적군의 장교에게 신문을 판 애기, 그리고 우연히 들은 아군의 기습 계획을 흘리게 된 이야기를 털어놓았습니다. 그러자 영감은 아들을 떠밀고 흩어진 돈을 줍기 시작했습니다. "이걸 돌려 주고 와야겠다." 스뗀느 영감은 총과 탄약통을 챙겨 어둠 속으로 사라졌고 그 후로는 그를 다시 볼 수 없었습니다. 여러분이라면 그 상황에서 어떻게 했을

것 같습니까? 진정한 앎은 머리에만 머물지 않는 것입니다.

그런데 마치 담배를 피우는 것이 좋지 않다는 사실을 잘 알면서도 끊지 못하는 사람들처럼 그리스도인의 경건의 삶에서도 앎과 실천, 마음과 삶의 격차가 큰 경우를 많이 보게 됩니다. 하지만 처음에는 그 차이가 크더라도 장기적으로는 마음과 삶은 수평을 이루게 됩니다. 하나님을 향한 열렬한 사랑의 마음이 있지만 아직 성화의 길이 멀다면 삶이 곧 따라올 것이고, 반대로 행실이 너무 악하다면 결국 마음도 주저앉게 되는 것입니다.

그러므로 진실하고 경건한 신앙으로부터 나오는 삶의 실천이 없이도 구원받을 수 있다고 주장하며, 믿음과 행위를 나누는 것은 하나님을 경외하는 데서 비롯된 진실한 지혜가 아닙니다. 신자의 속사람이 진실로 하나님의 진리의 말씀과 복음에 의해 새로워지면 신령한 지혜와 총명에 힘입어 마음의 죄를 누르고 말씀이 내 발의 등이며, 내 길의 빛이 되는 경험을 할 수 있게 되는 것입니다.

물론 신자가 앞으로 계속해서 그렇게 살 수 있다는 보장은 없습니다. 예수님을 모르던 옛 삶을 돌이켜 새 삶을 사는 그리스도인으로서, 말씀의 위대함도 맛보고 많은 은혜를 받으며 체계적으로 신앙에 대한 지식을 정리해 보존하고 있다 하더라도 그렇습니다. 그는 얼마든지 말씀으로부터 들어오던 찬란한 빛과 은혜가 사라져 지식만 앙상히 남은 사람이 될 수 있는 것입니다.

그것은 우리들이 오늘 하루 주님이 붙들어 주셔야 신자답게 살아갈 뿐, 그 이상도 이하도 아닌 인간이기 때문입니다.

그러므로 오늘도 주님의 붙들어 주시는 은혜를 간구하고, 주신 것들을 가지고 그분 뜻에 따라 살아가십시오.

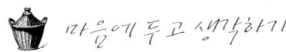 마음에 두고 생각하기

우리들이 세상에 발을 딛고 산다 하더라도, '입술'로는 하늘에 사는 사람인 것처럼, '삶'으로는 세상 없이는 살 수 없는 사람인 것처럼 살아서는 안 됩니다. 하나님께서 기뻐하시는 사람은 세상의 한복판에서 살고 있지만 그리스도와 함께 사는 길 이외에는 희망이 없다고 고백하는 자녀들입니다.

경건은 혼자서만 누리는 것이 아닙니다

자족하는 마음은 경건에 도움을 줍니다

경건한 삶은 금욕주의가 아닙니다

경건한 삶에 재물이 목표가 될 수 없습니다

하나님으로 말미암는 참된 만족이 자족하는 마음의 열쇠입니다

자족하는 마음에는 두 가지 비결이 있습니다

불경건은 불순종의 죄로부터 시작되었습니다

순종과 경건은 아름다운 연결고리입니다

하나님께서는 순종하는 신자들에게 경건을 선물로 주십니다

소극적인 순종이 필요합니다

적극적인 순종이 필요합니다

텅 빈 경건은 순종으로 채워야 합니다

죄는 연약함이 아니라 돌아서야 할 악함입니다

경건한 성도는 죄의 결과를 두려워하며 주님을 붙듭니다

구속의 감격을 늘 간직하십시오

감사는 또 다른 기도입니다

경건만이 교회를 참되게 섬기게 합니다

경건과 교회 섬김, 그 핵심은 십자가입니다

경건을 통해 교회는 하나로 연합됩니다

이것이 우리가 배워야 할 공동체의 모습입니다

경건의 삶을 증진하는 또 하나의 비결은 친구 관계에 있습니다

성도의 교제 속에서 경건은 증진됩니다

성도의 교제는 진리 안에서의 교제여야 합니다

참된 교제, 성도들이 지녀야 할 삶의 모습입니다

경건한 자들의 사귐이 있는 곳이야말로 아름다운 교회의 모습입니다

경건한 성도들의 한 가지 소망

Secret of Piety

참된 성도의 삶의 체계, 경건

경건은 혼자서만 누리는 것이 아닙니다

"저희가 주의 법을 지키지 아니하므로 내 눈물이 시냇물같이 흐르나이다"(시 119:136).

예수님이 지적하셨던 것처럼 사람은 비난받을 만한 행동을 한 이들의 잘못에 대해서는 재빠르게 귀를 열고 입을 벌리지만 정작 마음속에 있는 스스로의 교만은 대수롭지 않게 생각하는 경향이 있습니다. 신앙의 세계라고 해서 다른 것은 아닙니다.

어떤 이들은 말씀대로 살지 않는 사람들을 보면서, 저들은 하나님의 은혜를 모르고 어둠 가운데 사는 짐승과 같다고 비난하고, 자신은 빛 가운데 살고 있다고 교만을 부리기도 합니다. 아니면 한 걸음 더 나아가 바리새인처럼 "나는 다른 사람들과 같지 아니함을 감사하나이다."라고 외식하며 기도하기도 합니다.

그런데 시편의 시인은 달랐습니다. "저희가 주의 법을 지키지 아니하므로 내 눈물이 시냇물같이 흐르나이다"시 119:136라는 고백을 볼 때 우리는 시인이 그릇된 신앙을 가진 사람들과 다르다는 사실을 확인할 수 있습니다. 시인의 눈물은 단순한 낙망의 눈물이 아니었습니다. 그렇다고 하나님의 법도를 모르고 막 살아가는 사람들이 짓밟은 자신의 재산과 명예 혹은 신분상의 불이익 때문에 우는 것도 아니었습니다.

시인의 눈물은 하나님이 만드신 하늘 아래 함께 살아가면서도, 더군다나 하나님이 택하신 백성임에도 지존하신 하나님의 말씀을 폐하면서 살아가는 사람들을 보는 마음의 고통 때문에 흐르는 눈물이었습니다.

발을 딛고 있는 곳은 똑같은 세상이었지만 시인의 마음속에는 하나님의 말씀으로 말미암는 하나님의 나라가 이루어져 있었고, 하나님의 법을 폐한 사람들에게는 세상의 나라가 있었기 때문입니다. 게다가 시인은 자신이 가지고 있는 '하나님을 아는 지식'과 하나님의 법대로 살아가지 않는 사람들의 '하나님을 아는 지식'의 격차 때문에 흐느껴 울지 않을 수 없었던 것입니다.

그런데도 우리는 시인에게서 어둠 가운데 살고 있는 사람들을 낮추어 보는 어떠한 교만도 읽을 수 없습니다. 그들이 택하신 백성임에도 짐승과 다름없는 삶을 살고 있고, 자신은 깨어 있는 신앙의 양심 속에서 하나님을 바라보는 삶을 살고 있지만 그는 결코 자기가 누리고 있는 지식의 빛과 그들이 경험하고 있는 무지의 어두움을 비교하여 교만해지지 않았습니다.

다른 사람의 죄를 보고 눈물을 흘릴 줄 모르는 경건은 진정한 의미의 경건이 아닙니다. 간음한 여자의 '죄'는 가벼이 보지 않으셨지만, '죄인'에게는 긍휼을 베푸셨던 예수님을 생각해 보십시오 요 8:1-11. 물론 경건한 성도는 하나님의 법을 버린 세상을 향하여 분노를 느끼기도 합니다. 그러나 그것이 전부는 아닙니다.

하나님의 마음을 깨달은 성도는 하나님의 법을 폐한 세상을 보면서 눈물을 흘리게 되고 그런 세상 속에서 사는 영혼들의 아픔을 자신의 아픔처럼 느끼며 통곡하게 됩니다. 그들을 향한 하나님의 마음을 깨닫게 되기 때문입니다.

 마음에 두고 생각하기

"너 같은 죄인 살리신 주 은혜 놀라워"를 읊으며 살고 있습니까? 혹은 나 혼자 말씀의 빛 아래서 살아가는 것으로 만족하고 있습니까? 다른 사람들을 위해 눈물 흘릴 수 있도록 하나님의 사랑을 부어 달라고 기도하십시오.

자족하는 마음은 경건에 도움을 줍니다

"그러나 자족하는 마음이 있으면 경건이 큰 이익이 되느니라"(딤전 6:6).

오랜 세월에 걸친 견고하고 성실한 경건생활이 없는데도 하나님께서는 우리에게 말씀의 은혜를 주시고, 기도를 방편으로 하여 거룩한 하나님의 성품을 좇아 살고자 하는 의지를 허락하실 때가 있습니다.

게다가 우리의 많은 허물과 죄에도 불구하고 거룩하고 선하신 하나님의 성품을 맛볼 수 있는 은혜도 베풀어 주십니다.

하지만 앞에서 살펴보았던 말씀, 묵상, 기도, 정사, 순종 등과 같은 신앙에 있어서 적극적인 활동들에 열심을 내는데도 왠지 경건이 자라나지 않는 답답한 경우가 있습니다. 무엇이 문제일까요?

그때는 삶에 깊이 배어 있는 습관을 지배하는 '마음'을 점검하여 마땅히 품어야 할 마음은 품고 버려야 할 마음은 버리는 일이 필요합니다. 그런 마음 가운데 특별히 성경이 경건에 유익이 있다고 가르치는 마음이 있습니다. 바로 '자족하는 마음'입니다.

그것은 아무리 경건생활에 힘을 쓰더라도 자족하는 마음이 없으면 순간순간 맛보는 경건도 삶 전체에 영향을 미치지 못하기 때문입니다. 마치 애써 촛불을 켰더라도 바람을 막지 않고 조심히 걸음을 옮기지 않으면 금세 불이 꺼져 버리는 것과 같습니다.

사실 경건은 거듭난 하나님의 자녀가 하나님을 깊이 응시하며 그분의 거룩한 성품으로부터 영향 받음으로써만 가능합니다. 그래서 말씀에 대한 진실한 깨달음이나 변화 없이는 결코 경건해질 수 없는 것입니다. 하지만 자족하는 마음 역시 꼭 필요합니다. 자족하는 마음의 반대편에는 탐욕이 끈처럼 연결되어 있기 때문입니다.

어떤 사람은 인간이 욕망으로부터 완전히 벗어날 수 있다고 주장하지만 사실 인간은 그럴 수 없는 존재입니다. 만일 모든 욕망을 버린다면 세상 속에서 살아갈 수도 없습니다.

그렇기 때문에 인간에게는 오직 두 가지 길밖에 없습니다. 세속적이고 더러운 욕심에 헐떡거리든지 신령하고 거룩한 욕망에 목말라 하든지 둘 중 하나인 것입니다. 사도 바울도 갈라디아서에서 이 점을 지적했습니다. "육체의 소욕은 성령을 거스리고 성령의 소욕은 육체를 거스리나니 이 둘이 서로 대적함으로 너희의 원하는 것을 하지 못하게 하려 함이니라" 갈 5:17.

그러나 하나님 앞에서 자족하는 마음을 가짐으로써 경건의 불씨를 탐욕으로 꺼트리지 않고 성령의 도우심을 입는다면 그 방향을 바꿀 수 있습니다. 불결하고 세속적인 욕망에 불붙던 사람들이 거룩해지고 참된 가치가 있는 것들을 위해 살아가는 놀라운 변화가 있는 것입니다.

반면 세속적이고 헛된 것들에 대한 욕망으로 흘러가는 마음은 결국 만족의 샘을 고갈시키고 계속적으로 우리를 안달 나게 만들 것입니다.

그 상태에서는 우리 마음이 정착되지 못한 만큼 신앙도 흔들릴 것이고, 염려로 갈라진 마음 때문에 주님으로부터 오는 평안도 느끼지 못할 것입니다.

   어느 길로 발을 내딛으시겠습니까? 주님이 기뻐하시는 길은 정해져 있습니다.

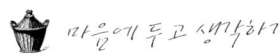 마음에 두고 생각하기

하나님께서는 우리가 경건에 이를 수 있도록 수시로 자극의 불씨를 주십니다. 하지만 자족하는 마음이 없이 탐욕에 휘둘리면 그 불씨는 쉽게 꺼집니다.

경건한 삶은 금욕주의가 아닙니다

"그러나 자족하는 마음이 있으면 경건이 큰 이익이 되느니라"(딤전 6:6).

삼천 원 이상의 식사는 절대 사 먹지 않는 청년이 있었습니다. 그래서 어쩔 수 없이 그보다 비싼 음식을 먹게 되면 이 청년은 그 일로 하루 종일 괴로워하였습니다. 오백 원짜리의 음식도 먹지 못하는 가난한 사람들도 많은데 자기는 오늘 오천 원짜리 점심을 먹었으니 죄를 지었다고 생각하는 것입니다. 물론 신자가 사치하지 않고 분수에 맞게 살아야 한다는 청년의 사고 방식에는 동의를 할 수 있습니다. 하지만 적용에서는 그렇지 않습니다.

자기가 아무리 절제를 잘해서 스스로를 대견스러워한다고 할지라도 그것이 경건을 자라나게 하는 것은 아닙니다. 물론 그 청년이 돈을 아껴 가난한 사람들을 구제하는 일이 나쁜 일이 아니지만 그런 방식으로 자신의 생활 원칙을 지킨다고 해서 하나님께로 다가가는 경건의 기쁨을 느낄 수 있는 것은 아닙니다.

경건은 금욕주의가 아닙니다. 금욕주의는 좋게 말하면 절제하는 삶이고, 나쁘게 말하면 궁상을 떠는 삶이 몸에 배어 그것을 신앙처럼 생각하는 것인데, 역사적으로 금욕을 열렬히 찬미하고 주장했던 사람들 가운데 정말 풍부한 경건의 비밀과 그리스도 예수 안에 있는 참된 자유를 알았던 사람은 거의 없습니다. 왜냐하면 금욕을 추구하는 사람들의 눈에는 욕망을 절제해야 한다고 하는 '명제'가 우리 주 '예수 그리스도'보다 훨씬 크게 보이기 때문입니다.

결국 그리스도 예수께 대한 개인적으로 깊은 경험이 없는 곳에서 생겨나는 모든 경건의 느낌은 그야말로 느낌이지 진정한 경건이 아닙니다. 그래서 성경은 분수를 알고 욕망을 절제하면, 즉 자족하는 마음을 가지면 경건이 저절로 생겨난다고 말하지 않습니다. 단지 우리가 세상의 즐거움에 탐닉하는 욕망을 버리고 "지금 있는 것도 참 좋습니다."라는 자족하는 마음을 가지면 우리 안에 있는 경건이 우리로 하여금 거룩한 삶을 살아가게 하는 데 큰 이득이 된다고 말합니다.

우리를 경건하게 하는 것은 헛된 자만심이 아니라 부패한 성품들이 무엇인지 알고 그것들을 지속적으로 죽이며 살아가는 삶, 그리고 그런 노력 위에 부어 주시는 성령의 충만한 은혜입니다. 그럴 때만이 우리는 삶 속에서 승리의 고백을 할 수 있습니다. 물론 또 넘어질 수 있습니다. 하지만 넘어진 그 자리에서 다시 일어나 주님을 붙들면 다시 경건으로 세워질 것입니다.

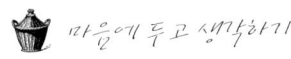
마음에 두고 생각하기

자신의 분수를 아는 자족하는 마음이 경건을 창출할 수는 없습니다. 하지만 우리 안에 자족하는 마음이 없다면 수시로 받는 경건의 자극에 의해 영향을 받는 삶을 살 수는 없습니다.

경건한 삶에 재물은 목표가 될 수 없습니다

"돈을 사랑함이 일만 악의 뿌리가 되나니 이것을 사모하는 자들이
미혹을 받아 믿음에서 떠나 많은 근심으로써 자기를 찔렀도다"(딤전 6:10).

대학을 졸업한 청년들이 단지 돈을 벌기 위해 일자리를 찾는다는 말을 하면 그 뒷모습이 얼마나 처량한지 모릅니다. 한 달에 얼마간의 돈을 받고 끌려간다는 생각마저 듭니다. 주님의 청년들은 돈을 위해서 세상으로 나가는 것이 아닙니다.

하나님께서는 교회라는 밭에 말씀으로 물과 거름을 주시고, 교훈과 책망으로 가지를 치셔서 그들이 잘 심겨진 묘목이 되게 하셨습니다. 이제 그 작은 묘목이 무성한 숲이 되기를 기대하시며 세상이라는 거친 들판으로 옮기신 것입니다. 그런 생각을 가진 이들은 절대 비참하지 않습니다. 자기 월급 몇 푼으로 저울질당하고 그것이 인생의 무게인양 여기는 사람들이 정말 비참한 것입니다. 만약 그들이 주 안에서 자족하는 삶이 무엇인지 알았더라면 그렇지 않았을 것입니다.

"돈을 사랑함이 일만 악의 뿌리가 되나니"딤전 6:10라고 사도가 특별히 경고했던 만큼 부하거나 가난한 사람들 모두 물질에 집착하며 열렬하게 그것을 사랑합니다. 하지만 이런 마음으로는 결코 경건에 이를 수가 없습니다.

아직도 가난하기 때문에 부해 보려고 몸부림치는 것에 온 마음을 빼앗기고 있거나 혹은 어느 정도 넉넉하여 자신이 가지고 있는 돈은 마음대로 쓸 수 있다고 생각하고 있습니까? 땅문서나 돈 보따리를 끌어안고 있는 마음이 그리스도로 채워지기를 바라는 것은 커다란 모순입니다.

그래서 우리는 자신의 마음이 재물을 목표로 살고 있지 않는지 수시로 자문해 보아야 합니다. 철저하게 금욕하는 삶을 살고 있지만 영혼은 파리하게 죽은 도덕주의자의 삶도, 욕망에 종살이하는 이들의 삶도 모두 그리스도인의 것이 아닙니다. 그런 삶으로는 예수님의 넘치는 사랑에 대해서 절대 알 수도 없고, 욕망을 만족시킬 수도 없습니다.

그러므로 우리는 일평생 그리스도 없이 "나는 부족함이 없습니다. 내 잔이 넘치나이다."라는 고백을 할 수 없다는 사실을 분명히 깨달아야 합니다. 또한 이렇게 자족하는 마음의 밭 위에 참다운 영혼의 변화를 경험하고, 경건의 강한 욕구를 느껴 경건생활을 실천하며 사는 데 신자의 행복이 있다는 사실을 기억하십시오.

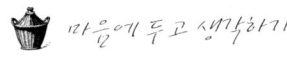
마음에 두고 생각하기

올바른 방법으로 열심히 일하며 돈을 많이 버십시오. 그러나 그것을 위해서 살지는 마십시오. 여러분은 오직 그리스도 예수의 피로 구속받은 하나님의 자녀입니다.

하나님으로 말미암는 참된 만족이
자족하는 마음의 열쇠입니다

"여호와는 나의 목자시니 내가 부족함이 없으리로다
그가 나를 푸른 초장에 누이시며 쉴 만한 물가로 인도하시는도다"(시 23:1-2).

미국의 사업가 록펠러 J. D. Rockefeller는 두말 할 나위 없는 세계 최고의 부자였습니다. 그 당시 그의 재산을 지금 돈으로 환산하면 빌 게이츠를 훨씬 뛰어넘을 정도라고 합니다. 그는 그렇게 재벌이 되기까지 주변을 돌보지 않고 돈을 모으는 일에만 전념했습니다. 그래서 그의 몸과 마음은 황폐해져만 갔습니다.

그 무렵 한 사람이 록펠러에게 질문을 했습니다. "당신은 이미 세계에서 첫째 가는 부자입니다. 그리고 지금도 당신 재산은 계속 불어나고 있는데요. 얼마나 더 벌면 만족하시겠습니까?" 록펠러는 주저 없이 말했습니다. "지금보다 약간만 더 있으면 좋겠네요."

인간의 영혼은 세상에 있는 것으로 결코 만족할 수 없습니다. 오직 삶의 참된 만족은 '하나님'께로부터 옵니다. 그렇기 때문에 겉모습이 똑같이 절제의 삶이라 하더라도 하나님으로 말미암는 만족과 도덕적인 삶으로부터 나오는 만족에는 뚜렷한 차이가 있습니다.

도덕적인 삶에는 겉모습은 반듯하고 칭찬받을 만하여도, 자신이 부패했다는 사실에 대한 깨달음이나 그럼에도 불구하고 우리를 거룩한 신자로 만들어 가시는 주님의 구속의 은혜와 성령의 은혜에 대한 감격이 전혀 없습니다. 단지 "나는 이렇게 사는데 너는 왜 도대체 그렇게 못하냐?"고 남을 힐난하는 것에 기대어 있을 뿐입니다. 결국 이런 사람들은 그리스도가 아니라 자신을 사랑하고 있는 것입니다.

우리 주님의 생애를 보십시오. 안락과는 거리가 먼 삶이었고 세상이 추켜세우는 영광에는 도저히 가까이 갈 수 없는 삶을 사셨습니다. 하지만 하나님과의 깨어지지 않는 평화 속에서 사셨기 때문에 우리처럼 불평하지 않으셨고, 부하지 않은 생애를 사셨어도 그것을 이유로 섬기지 못하신 적이 없었습니다.

오히려 그분은 매일의 순종의 삶을 통해 두루마리에 기록된 아버지 뜻대로 살아가는 기쁨으로 사셨습니다. 또한 헐벗고 굶주리면서도 목자 잃은 양같이 허기진 영혼들을 보시면서 눈물지으셨습니다.

이 모든 반응은 예수님이 경건으로 충만하셨고 끊임없이 하나님으로만 만족하는 삶을 사셨기 때문에 가능한 것이었습니다. 바로 그것입니다. 언제 어디서라도 우리의 진정한 만족을 주시는 유일한 분은 참 하나님이심을 잊지 마십시오.

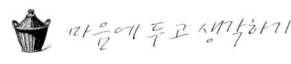

그리스도 예수 안에 거하고 그분과 교제하는 데서 오는 만족의 기쁨으로 사는 것이 경건의 참된 비결입니다.

자족하는 마음에는 두 가지 비결이 있습니다

"사람의 모양으로 나타나셨으매 자기를 낮추시고 죽기까지 복종하셨으니
곧 십자가에 죽으심이라"(빌 2:8).

지금 당장이라도 TV를 틀면 수많은 광고들이 기다렸다는 듯이 쏟아져 나옵니다. 최신 전자 제품을 시작으로 자동차, 의류, 음식, 주거, 각종 서비스에 이르기까지 셀 수도 없습니다. 하지만 광고가 던지는 메시지는 언제나 비슷합니다. "당신을 위해 이것을 사십시오! 만약 이것이 없다면 당신은 심각한 부족감을 느낄 것입니다."

그런데 설령 자본주의 사회가 이처럼 자기 사랑에 호소하여 눈부신 문명의 발전을 가져왔다고 하더라도 그것이 인간이 누구인지 답을 주거나 참된 만족에 이르게 할 수 없다는 사실은 분명합니다.

그러므로 주님의 자녀들은 오직 그리스도로 말미암아 참된 만족에 이르러야 합니다. 그것을 위해서는 구체적으로 두 가지 실천이 필요합니다.

첫 번째는 '십자가를 묵상하는 것'입니다. 그럼에도 불구하고 삶 속에서 십자가를 전혀 묵상하지 않는 자칭 그리스도인도 있습니다. 그들은 십자가보다 많은 재산, 높은 명예, 자신의 도덕적 품위를 자랑하는 사람들입니다.

그러나 참된 성도는 그리스도 예수께서 자신을 위해 피 흘리신

십자가를 볼 때 자기가 누구인지를 가장 정확하게 깨닫습니다. 그리고 세상에서 만족을 찾는 일이 얼마나 헛된 것인지 알게 됩니다.

우리는 죄인이었고 주님은 우리 같은 죄인을 구하기 위해 흠 없는 제물로 십자가에 못 박혀 죽으셨습니다. 만일 주님께 우리보다 더 사랑하는 세상 영광이나 영화에 대한 욕망이 있으셨다면 십자가에서 당신의 생명을 드릴 수가 없었을 것입니다.

그렇기 때문에 예수 그리스도의 십자가는 우리에게 묻습니다. "너희는 오직 죄인이었으나 그리스도 예수의 십자가의 구속으로 용서함을 받은 사람들이다. 그렇다면 이제 너희는 누구를 위해서 사느냐?"

우리는 그 대답으로 십자가를 보며 우리가 아무것도 아니요, 이제는 나의 탐욕에 종노릇하며 살 수 없는 사람들이라는 고백을 해야 하는 것입니다.

두 번째는 이 세상이 잠시 지나가는 것이고 오늘날 우리의 눈앞에 번쩍이는 많은 영광이 주님의 최후의 심판 앞에서 모두 빛을 잃고 말리라는 '믿음을 가지는 것'입니다. 많은 고난이 닥쳐 며칠 더 눈물을 흘리더라도 나를 오라 하실 그 날이 올 것을 기억해야 합니다.

그리고 그 날에는 이 세상에서 내가 그토록 매달리고 집착했던 것들이 생명이 없는 헛된 것들임을 깨닫게 될 것입니다. 그렇기 때문에 나는 의미 있는 것들을 붙들고 살겠다는 신앙, 이것이 자족에 이르는 두 번째 비결입니다.

경건한 사람들의 진정한 행복은 이렇게 주님이 숨을 허락하신 동안 주님을 더 많이 닮아가고, 자신과 관계 맺는 사람들이 주님께 향하도록 하는 것입니다. 그렇게 주님이 명하신 일들을 행하며 인생의 마지막 날이 다가와도 당황하지 않는 마음으로 주님 앞에 설 수 있다면 정말 기쁘지 않겠습니까?

 마음에 두고 생각하기

자기 아들까지 내어 주신 하나님께서 모든 것을 주시지 않겠습니까? 우리가 받은 은혜 가운데 그리스도 예수의 십자가보다 큰 것은 없습니다.

불경건은 불순종의 죄로부터 시작되었습니다

"동산 중앙에 있는 나무의 실과는 하나님의 말씀에
너희는 먹지도 말고 만지지도 말라 너희가 죽을까 하노라 하셨느니라"(창 3:3).

그리스도인은 경건의 필요성을 자주 느낍니다. 하지만 안타깝게도 우리가 그 필요성을 느끼는 것은 경건한 사람들의 아름다운 이야기를 통해서라기보다는 불경건한 사람들의 반면교사反面敎師 역할을 통해서인 경우가 많습니다. 그렇다면 불경건함의 시작이 어디인지 알아봄으로 경건에 이르는 데 도움을 얻을 수도 있지 않을까요?

성경은 인류의 조상인 아담과 하와가 하나님께서 금하신 선악과를 따 먹은 일이 불경건함의 시작이라고 분명히 밝히고 있습니다. 그리고 그 일은 단순한 문제가 아니라 높으신 하나님께 대한 극악무도한 '불순종'의 죄였습니다. 결국 한 사람의 불순종으로 시작된 죄가 이 땅에 창일하게 되자 그 자손들도 하나님에 대한 지식으로부터 멀어지고, 자신의 창조 목적을 상실한 불경건한 자들이 되었던 것입니다.

그러나 하나님께서는 당신의 끝없는 사랑으로 특별히 지금의 교회와 같이 하나님을 사랑하고, 하나님이 누구이신지 아는 개인, 가정, 민족을 세우셨습니다. 그리고 하나님 보시기에 광야의 샘과 같던 그 사람들은 하나님을 경외하고 사랑하는 경건에서 흘러나오는 순종으로써 불경건한 자들과 구별되었습니다. 인류의 역사는 이렇게 순종함으로 경건한 하나님의 백성과 불순종함으로 불경건한 세상의 백성 간의 세력 다툼으로 엮어지게 된 것입니다.

우리는 이것을 통해 경건한 사람들이 불경건한 사람들과 구별되는 것이 하나님의 뜻을 따르는 '순종'임을 알 수 있습니다. 예수님께서 우리에게 기도를 가르쳐주실 때 "뜻이 하늘에서 이룬 것같이 땅에서도 이루어지이다"마 6:10라고 말씀하신 것도 그 때문입니다. 그분께서는 아버지의 뜻이 그대로 이루어지는 하늘을 그리워하시며 우리도 그렇게 하나님께 순종하며 살 수 있도록 기도해야 할 의무에 대한 모본을 보이신 것입니다.

오늘날 교회에 많은 사람들이 모여도 능력을 동반한 경건한 삶을 살고 있는 사람들이 소수인 이유가 무엇입니까? 결국 순종하는 삶이 없기 때문입니다. 그로 인하여 심령이 어두운 죄와 더러운 찌끼들로 가득 차게 되고 하나님과의 친밀한 교제는 깨어져 경건의 능력도 사라진 것입니다.

게다가 경건 없음은 또 다시 순종하는 삶을 더 어렵게 만듭니다. 충만한 성령의 은혜 속에서 하나님과의 부요한 교제 속에 있을 때에는 순종하는 것이 쉽지만 일단 그런 은혜가 모두 사라지면 순종이 너무나 힘든 의무가 되어 버리기 때문입니다.

그러므로 우리는 하나님과 우리 사이에 있는 경건의 비밀들을 앗아가 버리고 능력을 동반하는 경건의 씨를 말려 버리는 '불순종'에서 돌이겨야 합니다. 하나님께서 우리에게 원하시는 것은 완벽이 아닙니다. 하지만 하나님께서는 우리가 진실한 마음으로 회개하고, 계속되는 실패에도 불구하고 당신 뜻에 순종하기를 요구하십니다.

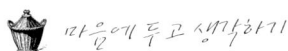 마음에 두고 생각하기

하나님께서는 누구와도 교통할 수 없을 정도로 온 땅이 패괴하고 더러워진 때에도 노아의 순종을 보시고 만나 주셨습니다. 그리하여 하나님께 은혜를 입은 노아는 하나님과 경건한 교제를 나누었고 그 시대의 사람들과는 다른 가치관과 내면의 세계를 갖게 되었습니다.

순종과 경건은 아름다운 연결고리입니다

"노아가 여호와께서 자기에게 명하신 대로 다 준행하였더라"(창 7:5).

계속해서 말씀과 기도, 묵상과 정사에 관한 말씀이 선포되는 자리에 있어도 삶에 바로 적용하는 데 어려움을 느끼는 사람들이 있습니다. 다른 이들은 너무 간절하게 기도하는데 나는 기도의 자리에만 가면 딴 생각이 들고, 다른 이들은 말씀을 너무 사모하는데 나는 말씀의 사모함이 생겨야 한다고 자기 암시만 거듭합니다. 또 그럴수록 무겁게 내려오는 눈꺼풀은 어찌지 못합니다. 왜 그럴까요? 이것은 모두 순종하려는 마음이 없기 때문입니다. 그러므로 순종하려는 마음과 의지, 계획이 없다면 묵상, 정사, 기도, 말씀 등의 경건생활은 빛이 바랠 수밖에 없습니다.

"난 원래 그래. 내 마음대로 살게 내버려둬."라며 순종하려는 마음이 없는 사람에게 정사의 삶이 필요하겠습니까? 하루를 살아 낸 것만 해도 힘겨운데, 빨리 생각을 끄고 나서 이불을 뒤집어쓰고 자도 시원치 않은데 말입니다. 그래서 경건하게 살지 않는 사람들의 인생은 매일 한 가지만을 장사하고 그 날 걷어 치워 버리는 장사꾼과 같습니다.

묵상도 마찬가지입니다. 순종하면서 살려고 할 때에는 묵상 가운데 하나님의 마음이 부어져서 더 잘 묵상할 수 있습니다. 그러나 순종하려고 하는 구체적인 삶이 없을 때는 하나님의 마음이 부어질 수도 없습니다. 의무가 무거운 짐으로만 여겨지고 부담스럽기만 할 것입니다.

그러므로 주님을 우리 구주로 영접한 다음 신자가 제일 먼저 배워야 할 것은 '순종하는 삶'입니다. 예수 믿고 하나님의 자녀가 되어서 뛸 듯이 기뻐했습니다. 하나님의 자녀가 된 것도 사실이고 그 속에 자녀로서의 삶을 살 수 있는 능력을 주신 것도 맞습니다. 하지만 순종하는 삶이 없어 이런 능력들이 경건생활 속에서 유지되지 않으면 그는 결코 하나님의 백성, 하나님의 자녀다운 삶을 살 수 없습니다.

순종의 사람 노아를 보십시오. 주위가 하나님을 거스르는 인간들로 가득 차 있었을 그때에 하나님께서 노아를 보시고는 마치 광야에서 샘을 만난 것처럼 기뻐하셨습니다. 그리고 그에게 이후에 이뤄질 비밀스러운 일들을 말씀하셨습니다. 순종하므로 주님이 더 말씀하시고, 더 말씀해 주시면 더 순종했던 것입니다. 그 과정을 통해 노아는 점점 신령한 사람으로 변해 갔습니다. 우리에게도 순종함으로 경건에 진보가 있고 경건생활을 통해 더 순종하는 삶이 필요합니다.

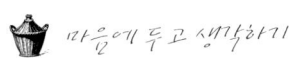

개인적인 순종의 삶은 개인의 경건생활에 직접적인 영향을 미칩니다. 순종의 삶이 하나님과의 관계에서 바탕이 되기 때문입니다.

하나님께서는 순종하는 신자들에게 경건을 선물로 주십니다

"만일 그들이 청종하여 섬기면 형통한 날을 보내며 즐거운 해를 지낼 것이요"(욥 36:11).

우리에게는 신실한 형제, 자매들이 있지 않습니까? 예배를 드리는 것이 나에게는 항상 의무인데 저들에게는 기쁨이 되는 것 같습니다.

또 나에게는 나를 묶고 있는 것 같은 경건이 그들에게는 교회 이 구석 저 구석을 깃털처럼 가볍게 날아다니게 하는 이유가 됩니다. 그렇게 온전한 자유와 기쁨 속에서 주님을 섬기며 사는 지체들을 보면 그 경건이 그렇게 탐나고 부러울 수 없습니다.

그런데 그들이 그런 경건을 쉽게 얻은 것은 아닙니다. 우리가 육체의 욕심을 따라서 아무렇게나 살 때에 그들은 날마다 진리의 말씀을 붙들며 눈물 흘렸고, 유혹을 이기기 위해 약한 육신을 쳐서 복종시켰습니다.

그리고 우리들이 생각 없이 놀고 떠드는 시간에 고요히 자신의 삶을 정사하면서 잘못 살아온 하루의 삶을 흐느낌으로 되돌아보았습니다. 다시 이런 실수를 되풀이하지 않아서 주님의 명예에 누가 되는 신자의 삶을 살지 않겠다고 다짐한 것입니다. 그리고 그 가운데서도 경건한 성도들은 하나님의 크신 사랑과 놀라운 은혜를 마음에 매일 새기며 살았습니다.

경건은 참 좋은 것입니다. 언제 어디서라도 하나님이 동행하심을 느낄 수 있고, 주님이 원하시는 기도의 제목들이 나의 마음속에 밀려오는 영혼의 세계를 소유할 수 있으니 말입니다.

그리고 하나님의 말씀을 읽을 때면 그 말씀 속에 담겨진 하나님의 마음까지 받게 됩니다. 그래서 삶으로는 공의를 행하고 인자를 사랑하고, 내면의 세계는 겸손히 하나님과 동행하는 이 경건의 삶은 주님이 인간에게 주실 수 있는 최고의 축복이라고 말할 수 있습니다.

그렇다면 하나님께서는 어떤 이들에게 그런 경건을 알고 실천하게 하셨을까요? 그것은 구약 시대든지 신약 시대든지 누구에게나 동일합니다.

하나님께서는 자기의 백성 가운데 특별히 당신에게 순종하는 사람들에게 풍부한 경건의 세계를 주셔서 당신과 독특한 교제를 누리며 특권 속에서 살 수 있도록 허락하셨습니다.

비록 아직 생각이 어리고, 하나님 말씀이 덜 심겨졌고, 여러 가지 면에서 연약하다 하더라도, 그에게 하나님 앞에 전심으로 순종하고 살려는 마음이 있다면 결코 하찮은 사람이 아닌 주님이 쓰시는 귀한 그릇으로 삼으신 것입니다.

기억하십시오! 경건하고 신령하게 살았던 신자의 공통적인 특징은 아주 엄격한 순종의 삶을 살았다는 점입니다. 물론 그 엄격한 순종의 삶의 내면 세계 속에는 예수로 말미암은 충만한 은혜와 그분을 향한 두렵고 떨리는 마음 그리고 사랑이 있습니다.

만약 그것이 없다면 하루하루가 지긋지긋한 의무를 수행하는 과정의 연속이었겠지만 하나님께서는 예수의 충만한 은혜로 모든 것이 감사의 제목이며 기쁨과 즐거움이 되도록 인도하십니다.

 마음에 두고 생각하기

주님이 사람을 달아 보시는 가장 훌륭한 저울은 순종과 불순종의 저울입니다. 왜냐하면 하나님께서는 당신을 진심으로 사랑하는 사람들이 아니고는 순종할 수 없다는 사실을 잘 아시기 때문입니다. 순종함을 통해 기쁨을 맛보는 신자가 되기 바랍니다.

소극적인 순종이 필요합니다

"나의 행보를 주의 말씀에 굳게 세우시고
아무 죄악이 나를 주장치 못하게 하소서"(시 119:133).

대기업으로부터 거액의 정치 자금을 받아 신문지상에 오르내리는 부패 정치인들에게는 많은 공통점이 있습니다. 그 중에 대표적인 것이 두 가지 있습니다.

첫째는 법을 두려워하지 않는다는 사실입니다. 그런 사람들은 자신의 욕망에만 귀를 기울이기 때문에 법을 지켜야 할 것이 아니라 자기 밑에 둘 수 있는 것으로 생각합니다.

둘째는 그들이 법을 모른다고 말할 수 없다는 점입니다. 그들은 오히려 서민층보다 법의 한계와 각종 규제들을 피해 가는 방법들을 속속들이 알고 있습니다. 하지만 그들에게는 그 법을 어기는 것에 대한 두려움이 없기 때문에 본질적으로는 그 법을 알고 있다고 말할 수도 없을 것입니다.

그런 점에서 하나님의 법을 잘 지키면서 사는 사람들은 주님의 법을 어기면서 사는 것을 두렵게 생각하는 사람들이라는 사실을 알 수 있습니다. 그리고 그런 사람들만이 하나님의 말씀을 더 잘 알고 깨닫고 싶어 합니다. 그래서 자신의 삶을 하나님의 말씀으로 비춰 보는 정사의 삶에 대해서 말하지 않아도 그 사람들은 이미 그렇게 살아가고 있는 사람들입니다. 경사라는 단어를 모른다고 해서 그렇게 살지 않는 것도 아니고 안다고 해서 그렇게 이미 살고 있다고 말할 수 없는 것입니다. 그렇게 하나님의 말씀대로 사는 것이 '소극적인 순종'입니다.

반대로 세상에서 가장 위험한 사람은 말씀에 대한 지식이 거의 없으면서도 기도만 열심히 하고, 자기 확신에 가득 찬 사람들입니다. 그 사람들은 자신의 내적인 확신이 성경 위에 서 있기 때문에 아무도 말릴 수가 없습니다. 그런 사람들의 경건을 위장한 거짓된 능력은 모두 참된 경건을 세워나가는 데 도움이 되지 않으며 아무리 열심히 기도를 한다고 하더라도 하나님과 가까워질 수 없는 것입니다.

그렇다면 그리스도인은 어떻게 해야 합니까? 그리스도인은 그리스도인이기에 세상적인 기준으로 살 수 없는 사람들입니다. 그러므로 어떤 삶과 행동에 대하여 선택의 갈등을 느낄 때 우선 성경이 그 문제에 대해 명백하게 기록한 부분이 있는지 점검해야 합니다.

그리고 만약에 있다면 기도할 필요가 없습니다. 그 일의 방향은 정해진 것으로 보고 그대로 살 수 있는 힘을 달라고 하나님께 간구해야 합니다. 만일 뇌물을 받아도 되는지 안 되는지 하나님께 기도드리는 사람이 있다면 그것은 하나님을 희롱하는 죄일 뿐입니다.

"성경이 우리에게 어떻게 살라고 명령하는가?" 그것을 죽어서 천국에 가는 것보다 더 사모하십시오. 천국은 나중에 갈 일입니다. 어떻게 살지를 헤아리는 신앙생활이 있어야 경건이 유지되고 증진됩니다.

그리고 시대의 탓을 너무하지 마십시오. 순종의 사람 노아는 불경건하고 물러간 자들 가운데서 누구와도 경건에 관해 대화를 나눌 수 없었지만, 하나님과의 사귐 속에서 경건을 유지하며 아무런 동요도 없이 거룩한 빛을 발했습니다. 그리고 그것은 하나님의 은혜라고 고백했습니다.

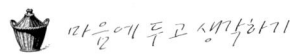
마음에 두고 생각하기

어린아이가 부모의 말을 따르는 것은 부모가 자신에게 잘 해줄 확률을 따져 보았기 때문이 아닙니다. 단지 온전히 믿고 순전하게 그 말을 따르는 것입니다. 우리도 그렇게 하나님의 말씀을 따를 때 시대의 조류와는 상관없이 주님을 기쁘게 하는 경건의 삶을 살 수 있습니다.

적극적인 순종이 필요합니다

"백성이 자기의 즐거이 드림으로 기뻐하였으니 곧 저희가 성심으로 여호와께 즐거이 드림이여 다윗 왕도 기쁨을 이기지 못하여 하니라"(대상 29:9).

아이들은 가끔씩 어른들도 쉽게 답을 내놓지 못할 어려운 질문을 할 때가 있습니다. 한 호기심 많은 말썽꾸러기 아들이 아버지에게 물었습니다. "아빠, 하나님은 왜 내가 나쁜 짓을 할 때마다 착한 일을 하도록 힘을 안 주셔?" 아마도 이 아이는 그때 정말로 착한 어린이가 되고 싶은 마음이었나 봅니다.

아버지는 아들에게 이렇게 대답해 주었습니다. "하나님께서는 먼저 네가 그분의 말씀을 따라 착한 일을 할 수 있는 환경과 기회를 주셔. 그리고 기도하면 너와 항상 함께 하실 거야." 아이의 질문일 뿐이라고 생각합니까? 그렇지 않습니다. 어른들은 오히려 순종하는 삶에 대해 이 아이보다 못한 질문을 할 때가 많습니다.

특히 성경에 직접적으로 기록되지 않은 흡연 문제, 유흥가 출입, 음란한 매체를 접하는 일 등 새로 등장한 문제들에 대해 그렇습니다. 어른들은 그리스도인이 과연 이런 것들을 향유할 수 있는지 묻습니다. "목사님, 주일 낮 예배를 드리고 오후에 놀러 가는 것은 죄인가요?"

그런데 가만히 생각해 보면 하나님께서 그런 것들을 기뻐하지 않으신다는 사실은 분명해집니다. 게다가 그런 질문을 한 사람은 이미 주일에 예배를 드리고 있어도 혹은 겉으로 계명을 지키고 있더라도, 성전에 나오지 않은 사람이나 하나님의 말씀을 어기는 사람들과 같다고 볼 수 있습니다.

우리는 너무 자주 하나님께서 화만 내시지 않으면 무슨 일이라도 할 수 있다는 그릇된 생각의 틀을 가지고 살아갑니다.

그런데 좋으신 하나님을 만나고 은혜 받은 사람이 기껏해야 그렇게 좁은 사고의 폭에 머물러야겠습니까? 오히려 '어떻게 하면 내가 하나님을 더 기쁘게 해드릴 수 있을까?' 이런 생각을 가져야 하지 않을까요?

이것이 바로 능동적으로 하나님을 기쁘시게 해드리는 '적극적인 순종'입니다. "하나님, 여기까지는 봐주시겠지요? 징계만 내리시지 않는다면 조금 더 가보겠습니다." 이런 태도로 징계가 내리지 않는 것을 확신하면서 사는 것은 진실로 하나님께 순종하는 삶이 아닙니다.

우리가 하나님께 나아가는 것은 두려움에 휩싸여 그나마 그렇게라도 하지 않으면 하나님께서 재앙을 내리실 것이기 때문이 아닙니다. 하나님의 사랑, 주님의 은혜 없이는 한 순간도 살 수 없다는 굳건한 신앙의 고백이 우리에게 있기 때문입니다.

만일 그런 고백이 자신에게 있다면 진정 하나님께 기쁨을 드리고 싶은 '적극적인 순종'에 대한 소원도 함께 있을 것입니다. 그래서 하나님께 벌을 받지 않으려고 사는 것이 아니라 하나님께서 기뻐하시는 것이 무엇인지 찾고 구하고 알아서 그렇게 하고자 할 것입니다. 여러분은 어느 편에 서 계십니까?

혹시 자신과 하나님의 관계가 말라 버린 의무의 껍질에만 싸여 있다면 하나님의 사랑을 부어 달라고 눈물로 기도하십시오. 마르지 않는 은혜와 사랑의 샘의 근원이신 하나님은 우리의 목자가 되시기 때문입니다.

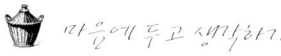
마음에 두고 생각하기

세상은 우리의 가능성을 최대한 실현하며 스스로에게 기쁨이 되라고 말합니다. 하지만 그리스도인은 하나님을 기쁘시게 하는 적극적인 순종 가운데 행복을 느끼는 사람들입니다.

텅 빈 경건은 순종으로 채워야 합니다

"사람에게 보이려고 그들 앞에서 너희 의를 행치 않도록 주의하라 그렇지 아니하면 하늘에 계신 너희 아버지께 상을 얻지 못하느니라"(마 6:1).

교회 안에도 연민을 금할 수 없는 사람들이 있습니다. 그들은 경건을 뽐내며 지난날 자신이 얼마나 헌신적으로 교회를 섬겼는지 떠벌이기 좋아합니다. 그리고 도저히 경건한 형제, 자매들과 어깨를 겨눌 담력이 없기 때문에 항상 '주께서 말씀하시기를'이라는 말을 달고 다닙니다.

더욱 안타까운 것은 차라리 불신자로 사는 사람들에게는 주님을 만날 기회가 있는데, 자신의 모습을 정직하게 인정하지 못하는 이런 사람들에게는 그것조차 없다는 사실입니다.

그런데 이들이 경건의 모양을 흉내 내는 이유는 무엇일까요? 그렇게 흉내로 그치는 것보다 경건을 소유하는 것이 더 좋다는 것을 알면서 말입니다. 그것은 불순종의 삶을 돌이키는 데 필요한 고통의 대가는 지불하기 싫어하면서 경건은 소유하고 싶기 때문입니다.

하지만 삶이 순종으로 돌아서지 않고서는 경건이 있을 수 없습니다. 한 사람이 용서나 방향 전환, 염려나 두려움과 같이 어떤 한 문제에 대해 지속적으로 불순종할 때를 생각해 보십시오. 하나님 앞에서 다른 모든 것은 엎드렸는데 어느 한 영역에서는 도저히 자기

참된 성도의 삶의 체계, 경건 · 175

를 꺾지 못하기 때문에 스스로도 어쩔 수 없다고 합니다. 하지만 그것은 그 사람의 시각입니다. 사실상 어쩔 수 없는 불순종은 없습니다. 그가 그것들을 주님보다 사랑하기 때문에 어쩔 수 없다는 말을 하는 것입니다.

하지만 어느 한 순간 말씀을 통해 깊이 깨닫고 용서를 빌며 결단의 기도를 드리면 어떤 일이 일어날까요? "하나님, 제가 그 사람을 미워했습니다. 그런데 알고 보니 나도 죄인이었습니다. 내게 고통을 준 그 사람을 사랑하겠습니다." 그렇게 자기를 꺾고 하나님 앞에 순종하면 당장은 아무도 알아 주는 이는 없고 앙갚음을 할 기회는 잃어버립니다. 하지만 결국 그는 스스로 하나님과 더 가까워진 것과, 하나님의 인격에 대한 자신의 감각이 예민해졌음을 느낄 수 있습니다.

현재 하나님 앞에서 불순종의 삶으로 물러간 분들도 있을 것입니다. 그렇다 해도 신자인 우리에게는 한 가지 놓칠 수 없는 확신이 있습니다. "주 없이는 한 순간도 살 수 없다."는 확신입니다.

신자가 어떻게 하나님의 은혜와 그 사랑의 교제 없이 행복할 수 있겠습니까? 세상 사람들은 우리의 삶을 보며 당신이 그렇게 살면서 어떻게 그런 고백을 할 수 있느냐고 따질 수도 있습니다. 그러나 불순종하는 우리 자신과 순종하여야 하는 신앙의 명제, 둘 다 진실입니다.

그러므로 우리는 정사의 삶을 통해 지난날의 불순종을 고백하고, 하나님과의 깊은 교제가 있는 경건으로 우리를 데려가 달라고 주님께 애원하는 심령을 가져야 합니다. 그리고 많은 실패에도 불구하고 주님의 기쁨 되기를 원한다고 고백해야 합니다. 그러면 지금은 망가진 우리에게도 고쳐질 것이라는 소망이 있습니다.

  이제 주님이 우리에게 올바른 것을 가르치시면 "아멘!" 그 뜻이 이루어지이다!으로 순종하는 삶을 살아가기를 결단하십시오! 그러면 하나님께서 왜 우리를 친근히 여기지 아니하시겠으며, 풍성한 경건의 능력을 부어 주시지 않겠습니까?

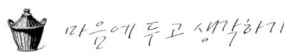 마음에 두고 생각하기

사람들이 영적인 턱을 넘지 못하고 그 자리를 맴돌면서 외식을 하는 이유는 하나님께 순종하면서 살아가야겠다는 의지적인 노력과 실제적인 순종의 삶이 부족하기 때문입니다. 하나님께 순종함으로 경건의 풍성한 능력을 맛보십시오.

죄는 연약함이 아니라 돌아서야 할 악함입니다

"예수께서 저희의 믿음을 보시고 중풍병자에게 이르시되
소자야 네 죄 사함을 받았느니라 하시니"(막 2:5).

아이들보다 이성적으로 더 성숙한 성인들이 부부싸움을 하는 것을 보면 이상하게도 아이들끼리의 싸움과 다르지 않아 보일 때가 많이 있습니다.

그 중에 가장 비슷한 것 하나가 바로 싸움 도중에 선후관계를 따지는 일입니다. "당신이 먼저 나한테 그렇게 대했으니까 내가 그럴 수밖에 없었던 거 아니야?" 마치 아이들이 "네가 먼저 때렸잖아." 라고 말하는 것과 같습니다.

그런데 사실 다툼이 생기고 발전하는 것은 누가 먼저 그랬냐는 외적인 상황보다 각자가 평소에 어떠한 성격이나 마음을 지니고 있는가에 더 좌우된다고 볼 수 있습니다. 결국 우리가 화를 참지 못하는 것은 어쩔 수 없는 약함이 아니라 악함인 경우가 많은 것입니다.

우리의 개인적인 죄의 문제에 있어서도 비슷한 일이 일어납니다. 스스로 부인할 수 없게 파악한 죄임에도 불구하고 인간은 자신의 연약함과 죄를 자꾸 혼동하거나 두 가지를 뒤섞어 버립니다.

그렇게 되면 죄는 마음의 틀 속에서 매우 교묘하게 지지를 받으며 은신처를 마련하게 되고 신자는 결국 죄를 무서워하는 삶을 살기보다는 오히려 더 큰 죄가 들어올 수 있는 친화적인 경향을 키워 주는 삶을 살게 됩니다. 그리고 처음에는 자기가 죄를 선택했지만 이제는 죄에 의해서 자기가 사로잡히게 되는 지경에까지 이르게 됩니다.

그렇다면 경건한 사람들은 죄를 접했을 때 어떻게 반응할까요? 경건하고 의로운 영혼을 가진 사람들은 죄가 자신 밖에서 존재하는 것도 굉장히 두려워했지만 죄가 자신에게 접촉하려고 할 때 영혼에 가장 격렬한 두려움을 느꼈습니다. 죄가 연약함이 아니라 악함이라는 것을 알고 있었기 때문입니다.

게다가 그들은 그 죄가 개인적인 파멸을 가져다줄 뿐만 아니라 하나님께서 당신의 영광으로 충만한 것들을 흘려보내시는 교통의 통로로 쓰이는 자기를 파괴시킨다는 사실을 알았습니다.

오늘날뿐만 아니라 죄가 세상에 들어온 때부터 죄는 속삭이며 속이는 것으로 시작했습니다. 간교한 뱀이 하와로 하여금 하나님의 말씀을 어기고 선악과를 따먹도록 속삭였을 때를 생각해 보십시오. 그 안에 속임이 있었습니다.

"뱀이 여자에게 이르되 너희가 결코 죽지 아니하리라 너희가 그것을 먹는 날에는 너희 눈이 밝아 하나님과 같이 되어 선악을 알 줄을 하나님이 아심이니라"창 3:4-5. 죄는 분명히 있는 것은 있는 것이고 없는 것은 없는 것인데도 그것을 교묘하게 속입니다.

기억하십시오. '나는 연약해서 죄를 선택할 수밖에 없었고, 한 번 관심을 가져 보는 것도 괜찮겠다.'는 나른한 시각으로는 죄를 이기고 경건에 이를 수 없습니다. 죄를 약함이 아니라 악함으로 분명히 인식하고 주님께 매일 간구하는 성도가 되어야 합니다.

 마음에 두고 생각하기

죄의 근원은 하나님을 향한 거역입니다. 하나님을 향한 모든 통치에 대한 도전이고, 하나님이 당신의 백성을 위해 예비하신 개인적인 계획과 모든 구원의 계획을 망가뜨리기 위해서 역사하고자 하는 동기를 가진 것입니다. 이런 죄를 연약함이라는 껍질 안에 가두고 보호해서는 안 됩니다.

경건한 성도는
죄의 결과를 두려워하며 주님을 붙듭니다

"나는 너희에게 이르노니 여자를 보고
음욕을 품는 자마다 마음에 이미 간음하였느니라"(마 5:28).

현실 속에서 범죄자들은 사람들의 영웅이 될 수 없습니다. 하지만 영화 속에서는 가능합니다. 관객들은 치밀한 계획에 따른 범죄가 성공을 거두는 영화를 보면서 스릴과 만족을 느끼곤 합니다.

그런데 이런 영화들의 주인공들은 대부분 작은 데 만족하지 못하고 파멸을 향하여 달려갑니다. 그 정도 돈을 벌었으면 안정된 삶을 살 때도 됐는데 그렇게 하지 않습니다.

단순히 영화의 재미를 위해서일까요? 그렇지 않습니다. 죄는 우리를 중간에서 놓아줄 마음이 전혀 없기 때문입니다. 이 점에서 영화와 현실의 진실이 같다고 할 수 있습니다.

만일 우리가 그와 같이 오랫동안 버리지 못하고 사랑하는 작은 죄들의 마지막 계획이 무엇인지 정직하게 파악할 수 있다면 어떨까요? 마치 암을 유발할 수 있는 음식을 피하는 것과 같이 그 죄를 계속 취할 수 없을 것입니다.

그런데 사람들은 오히려 죄를 연약함이라는 말로 가볍게 넘겨 버려서 결국 죄에 대한 식욕이 한없이 자라나게 만듭니다. 그리고는 계속 그 죄를 먹고 마시다가 죄와 함께 구렁텅이로 떨어집니다.

다른 것도 마찬가지입니다. 마음속에서 기도해야 할 의무에 적절히 대처하지 못한다면 그 끝은 어디일까요? 기도의 세계가 완전히 무너진 곳입니다.

하나님께 대한 경외심 없이 습관적으로 경솔하게 드리는 아무런 느낌도 없는 예배가 마지막에 가는 곳은 어디일까요? 하나님은 안중에도 없는 삶일 것입니다. 죄가 가진 이런 특성 때문에 우리는 죄가 끊임없이 퍼져 나가도록 내버려두어서는 안 됩니다.

우리에게는 아무리 나 자신을 봐도 희망이 없고, 변화되지 않은 영혼 때문에 절망적일 때가 있었습니다. 하지만 그렇게 약했기 때문에 우리는 매일 주님을 의지하지 않을 수 없었습니다. "주님, 제 힘으로는 할 수 없습니다. 저를 당신의 강한 팔로 붙들어 주세요."라고 눈물로 기도했습니다.

그래서 주님께서는 우리를 변화시키셨고 주님과 함께하는 기쁨을 선물로 주셨습니다.

죄도 마찬가지입니다. 죄가 가져올 결말을 생각했을 때 그 결말을 감당할 수 없어 우리는 두려워할 수밖에 없는 존재들입니다. 하지만 그런 두려움으로 인하여 주님을 매일매일 의지하며 살아갈 때, 자연스럽게 승리를 꿈꾸지 않아도 승리하는 삶을 살 수 있는 것입니다.

그러므로 주어진 사명의 자리에서 죄의 결과를 두려워하며 하나님의 은혜를 구해야 합니다. 주님이 함께 하시지 않는 경건한 삶은 가능하지도 않을 뿐더러 언제나 실패로 끝날 것이기 때문입니다.

마음에 두고 생각하기

지금 가지고 있는 작은 죄의 마지막 계획은 무엇입니까? 아이들이 인형놀이를 하는 것처럼 우리 마음의 질서대로 우리 주변을 채울 수 있다고 생각해 보십시오. 무슨 선한 것이 나오겠습니까? 선한 그림이 나올 수 있는 것은 오직 예수 그리스도께 붙들려 있을 때뿐입니다.

구속의 감격을 늘 간직하십시오

"여호와께 구속된 자들이 돌아와서 노래하며 시온으로 들어와서 그 머리 위에
영영한 기쁨을 쓰고 즐거움과 기쁨을 얻으리니 슬픔과 탄식이 달아나리이다"(사 51:11).

유월절은 출애굽 사건이 일어나기 전, 하나님의 사자가 애굽의 모든 초태생初胎生을 쳐서 죽게 하셨을 때 이스라엘 백성을 그 재앙으로부터 살려 주신 것을 기념하는 절기입니다. 그래서 그 절기가 돌아올 때마다 이스라엘 백성은 어린 양을 죽여 피는 문 좌우 설주와 인방에 바르고, 고기는 불에 구워 무교병과 쓴 나물과 함께 먹었습니다. 거기에다가 먹을 때에는 신발을 신고 허리에 띠를 띠고 손에 지팡이를 잡고 급히 먹어야 했습니다.

그런데 이 광경은 이스라엘 백성이 출애굽하던 그때에야 어색한 광경이 아니었겠지만, 그 후 대대로 이어지면서 지켰을 때의 모습들을 상상해 보십시오. 얼마나 우스꽝스러운 일이겠습니까? 하지만 하나님께서는 이스라엘 백성이 대대로 그렇게 하도록 가르치셨습니다.

그것은 이스라엘 백성에게 한 해를 시작하면서 구속救贖의 신비를 심어 주고 싶으셨기 때문입니다. 우리가 새해 첫날에 많은 소원을 품는 것처럼 이스라엘 백성도 율법을 더 잘 지켜야겠다는 강한 소원을 품었을 것입니다. 그런데 사실 그게 얼마나 어렵겠습니까?

신약시대의 우리도 하나님의 말씀을 지키며 사는 것이 어려운데 구약시대의 희미한 계시 안에서 율법의 요구를 따라 사는 것은 쉽지 않았을 것입니다. 하지만 이러한 의식을 통해 이스라엘 백성은 죽을 수밖에 없었던 자신들을 하나님께서 친히 살려 주셨다는 '구원의 감격'을 그들 마음 깊은 곳에 아로새겨 넣을 수 있었습니다.

하나님의 은혜 가운데서 모든 것을 평안하게 누리면서 지내다 보면, 인간은 자기 자신의 필요에 대해서는 민감해지지만 자기가 예전에 어떤 사람이었고 본래의 정체가 무엇이었는지에 대해서는 둔감해집니다. 지금도 우리는 하나님 앞에 용서받은 죄인에 불과하며 주님의 용서 없이는 살 수 없는 하찮은 인간입니다.

우리는 이 사실을 가슴 깊이 새겨서 스스로를 향해 어떤 부당한 중요성도 부여하지 않도록 노력해야 합니다. 그리고 매일 나 같은 죄인을 위해서 십자가에 못 박히신 예수님의 구속의 은혜와 감사가 우리의 모든 날을 지배하도록 해야 합니다. 그렇게 살지 않는다면 어떤 경건과 성화의 도리를 배우든지 간에 그 지식만으로 우리는 참된 신자가 될 수 없습니다.

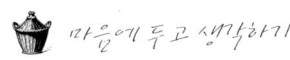

신앙생활을 하다가 뭔가 어려움을 느끼고 삶에 어떤 혼돈이 찾아오게 되면 우리는 여러 가지 환경적인 이유를 들어 어려움을 호소합니다. 그런데 사실 좀 더 깊이 들어가 보면 여러 가지가 없는 것이 아니라 한 가지가 없는 것입니다. 그것이 바로 우리를 '죄'로부터 구원해 주신 하나님의 은혜에 대한 '감격'입니다.

감사는 또 다른 기도입니다

"그러므로 내가 첫째로 권하노니 모든 사람을 위하여
간구와 기도와 도고와 감사를 하되"(딤전 2:1).

사역을 하다 보면 가끔 말씀으로 다그치고 함께 모여 눈물로 기도했는데도 뭔가 성도들이 함께 나가야 할 방향으로 마음이 모아지지 않을 때가 있습니다.

그런 경우 제가 잘 사용하는 방법이 있습니다. 다른 게 아니라 재미있게 '노는 것'입니다. 소풍이나 야유회를 통해 주님이 창조하신 아름다운 자연을 느끼고 마음이 유쾌해지도록 웃고 난 뒤 다시 마음을 추스르면 사역을 이끌어갈 때 도움이 되는 것을 발견합니다. 우리의 영적 생활에도 가끔 이런 것들이 필요합니다.

그 중의 하나가, 꼭 이루어지지 않으면 안 되기 때문에 간구하는 기도의 제목에 대해 마음의 방향을 바꾸어 보는 것입니다. 우리가 어떤 기도에 대해 강하게 집착했는데도 오랫동안 실현이 되지 않는 경우 마음에 고통이 생겨납니다.

물론 그 고통은 전혀 문제가 되지 않는 신령한 고통일 수 있습니다. 하지만 자칫 마음속에서 감사조차 잃어버리는 경우가 있습니다.

또 그것은 육신적인 불만으로 번지기도 합니다. 그때 한번 방향

전환을 해보라는 것입니다. "하나님, 이루어지지 않아도 좋습니다."

물론 이것은 의심으로부터 나오는 생각이 아니라 굳어진 마음과 무거운 심령을 갖게 한 기도 제목으로부터 잠시 해방되어 하나님께서 지금까지 우리에게 베풀어 주신 은혜를 보면서 감사드리는 것을 말합니다.

베풀어 주신 은혜에 대한 감사까지 뒤엎을 정도로 중요하게 생각하는 기도 제목이 하나님이 보시기에 올바른 것일 수는 없습니다. 우리는 간절한 소원의 기도를 심기 전에 먼저 감사로 마음의 밭을 갈아야 합니다.

그때 우리의 영혼은 다시금 활기로 가득하게 됩니다. 은밀하게 내 마음 속에 들어온 많은 부정적인 요소들은 그 활기 속에서 털려 나가고 다시금 은혜의 힘을 회복하게 되는 것입니다. 그러면 우리는 쇄신된 마음으로 담대하게 하나님 앞에 나아가 더욱 간절히 기도할 수 있습니다.

시편의 많은 송영을 보십시오. 이스라엘 백성은 하나님께 대한 감사의 송영들을 통해 자기 자신 속에 실재하시는 하나님의 능력을 경험했던 사람들이었습니다.

원하지 않는 상황에서도 밀려오는 평강과 마음의 쇄신은 그리고 하나님께 감사하면서 받은 그 신령한 은혜의 충정, 마음의 틀의 전적인 쇄신은 싸워 이긴 기도의 응답을 받는 것 못지않게 큰 힘을 그들에게 가져다주었습니다.

그렇습니다. 하나님께서 베풀어 주시는 우리 영혼의 놀라운 회복과 변화들은 항상 간절한 기도의 응답으로부터만 오는 것이 아닙니다. 때로는 기도의 응답과는 관계없이 하나님께 '감사하는 마음'을 통해서 우리는 놀라운 은혜를 경험할 수 있습니다.

 마음에 두고 생각하기

감사하면서도 하나님 앞에서 간절해질 수 있고 불만으로 꽉 차서 고통스러우면서도 전혀 하나님 앞에 간절해지지 않을 수 있습니다. 하나님께서 기뻐하시는 기도는 함께 하시는 하나님께 감사를 드리면서도 그분의 뜻이 이루어지는 것을 보고 싶은 갈망 속에서 간절한 마음으로 드리는 기도입니다.

경건만이 교회를 참되게 섬기게 합니다

"시몬 베드로가 대답하여 가로되 주는 그리스도시요
살아계신 하나님의 아들이시니이다"(마 16:16).

예수님을 세 번 부인하고 낙심해 있던 베드로에게 부활하신 예수님이 찾아오셨습니다. 숯불과 새벽녘, 베드로가 결코 기억하고 싶지 않은 기억을 떠올리게 할 만한 배경을 마련하시고 예수께서는 그에게 물으십니다. "요한의 아들 시몬아 네가 나를 사랑하느냐?" 거듭된 질문 속에서 베드로는 "내가 주를 사랑합니다. 내가 주를 사랑하는 것을 주께서 아십니다."라고 자신의 마음 안에 담아 두었던 눈물의 고백을 주님께 드립니다.

제자의 마음을 들으시고 예수께서 그에게 당부하시는 것은 "내 양을 먹이라."는 것이었습니다요 21:15-17. 그리고 "주는 그리스도시요 살아계신 하나님의 아들이시니이다"마 16:16라고 성령께서 알게 하신 베드로의 고백 위에 예수께서는 약속하신 대로 교회를 세우셨고, 베드로는 많은 고난 가운데서도 초대교회의 목자로 어린 양떼를 돌보았습니다.

주를 사랑하는 자마다 교회에서 지체들을 돌보는 것이 마땅합니다. 그런데 교회를 섬길 때에는 인간들 간의 사랑, 하나님을 향한 방종한 애정의 감정 등이 동기가 되어서는 안 됩니다. 그것은 교회도

망가지고 자기 자신도 망치는 길입니다.

교회를 섬기는 자에게는 무엇보다 먼저 하나님을 향한 두려움이 있어야 합니다. 마음의 진실함과 하나님을 두려워함, 이 두 가지는 구약에서 하나님의 일꾼이 되는 중요한 자격이었습니다. 이 두 단어를 신약적 용어로 옮기자면 바로 '경건'입니다. 경건은 곧 사랑을 동반한 '바람직한 두려움'입니다. 이것은 결코 공포에 사로잡힌 상태가 아니라 거룩하신 하나님의 임재 앞에 서 있다는 의식을 갖는 것입니다. 그렇기에 경건만이 교회를 참되게 섬길 수 있게 합니다.

베드로는 실수가 많았지만 예수님을 정말 사랑한 사람이었습니다. 하지만 주님을 향한 베드로의 사랑은 어려움을 함께 겪으면서 생겨난 애정이나 우정 정도의 사랑이 아니었습니다. 베드로는 예수님이 자신의 눈앞에 인간의 몸을 입고 함께 하고 계시지만 그분에게는 분명 신적인 권위와 능력이 있음을 보았고 그 앞에 두려워 엎드린 경험이 있었습니다 눅 5:8. 베드로의 사랑은 두렵고 떨림을 동반한 사랑이었던 것입니다.

그런데 예수님을 저주하며 배신한 자신의 모습을 마주하면서 죽음을 이기고 다시 살아나신 예수님을 만난다는 것은 베드로에게 두려움 자체였을 것입니다. 예수님께서는 베드로의 그 마음을 회복시켜 주시면서 단순한 공포도 혹은 방종한 사랑도 아닌 바람직한 두려움, 바람직한 사랑을 갖게 해주십니다.

베드로는 오순절 성령 강림 사건 이후 그 경건을 바탕으로 교회를 섬기는 능력의 종으로 사도행전 2장에서 나타날 수 있었습니다.

여러분은 어떤 동기로 섬김의 자리를 감당하고 있습니까? 아니면 주를 사랑한다고 고백하면서도 교회 안에서 요청되는 섬김의 필요들을 아예 모른척하고 있지는 않습니까? 주를 사랑하는 자마다 어떠한 모양이든지 교회를 섬겨야 합니다. 뿐만 아니라 섬김의 동기는 반드시 주님을 향한 사랑이어야 합니다.

하지만 기억하십시오. 그 사랑은 두려움과 함께 한 경건이어야 한다는 것을 말입니다. 경건 없이 교회를 섬긴다면 우리는 곧 자기의에 빠져 외식의 길로 가거나 극단적인 경우 배교의 길로 가게 될 것입니다. 그래서 우리의 섬김은 그리스도의 십자가에서 비롯되는 경건에서 출발해야 합니다.

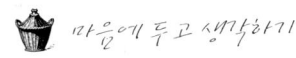 마음에 두고 생각하기

우리 마음 깊은 곳에서 '무익한 종'이라는 고백은 언제 나올 수 있을까요? 하나님을 향한 두려움과 자기와 같은 인간을 십자가에서 용서해 주신 하나님을 향한 사랑이 있을 때, 섬김의 삶을 살다가 손해를 보고 고난을 받으며 희생을 해도 나는 아무것도 아니라는 고백을 할 수 있는 것입니다.

경건과 교회 섬김, 그 핵심은 십자가입니다

"그는 근본 하나님의 본체시나 하나님과 동등됨을 취할 것으로 여기지 아니하시고
오히려 자기를 비어 종의 형체를 가져 사람들과 같이 되었고 사람의 모양으로 나타나셨으매
자기를 낮추시고 죽기까지 복종하셨으니 곧 십자가에 죽으심이라"(빌 2:6-8).

우리는 교회를 섬기다가 수없이 많은 어려움을 만나게 됩니다. 그 많은 어려움이 생기는 이유는 교회 안에 모든 사람이 은혜 가운데 살아가지 않기 때문입니다. 은혜에서 멀어져 적대하는 마음까지 생긴 사람들로 인해 교회 안에는 끊임없이 생채기가 생겨납니다.

교회의 일꾼으로 기둥같이 섬기던 이가 어떤 때는 아주 거칠고 포악한 모습으로 돌변합니다. 분노를 참지 못해 갈등이 생기고, 또 혈기로 죄를 짓게 되고, 자기 힘만으로 안 되면 편을 지으며, 또 원한의 감정을 풀지 않고 살아갑니다. 그것을 은혜로 견디지 않고 오기로 견디는 사람들은 한없는 상처와 고통을 받게 됩니다. 그러한 문제들을 해결할 수 있는 방법은 무엇일까요?

다른 것은 없습니다. 우리는 이 문제를 그리스도 예수의 십자가 아래서 해결해야 합니다. 고난을 당하고 괴로움을 당하더라도 십자가에서 죽으신 주님과의 교제가 있다면 그런 것들을 참고 견디며 그 안에서 주님의 뜻을 발견할 수 있습니다. 그래서 한 사람의 경건의 상태는 괴로움과 어려움을 당할 때 가장 적나라하게 드러납니다.

하나님이시지만 오히려 자기를 비워 종으로 오신 그리스도, 사람의 모양으로 나타나셔서 자기를 낮추시고 죽기까지 복종하신, 그래서 십자가에서 죽으신빌 2:6-9 그분을 바라볼 때만이 우리는 참된 경건을 소유하고 교회 안에서 일어난 수많은 어려움을 하나님의 방법대로 풀어갈 수 있습니다. 십자가 아래서 더없이 크고 광대한 하나님의 사랑을 알게 되었을 때, 나 자신이 어떠한 존재인지도 분명히 깨닫게 됩니다. 그 깨달음은 누군가를 원망하고 미워하며 혈기를 부리고 싶은 마음, 용서하고 싶지 않은 마음까지도 십자가에 못 박고 그 십자가를 통해 쏟아지는 하나님의 사랑으로 녹게 합니다. 그래서 교회를 섬기고 지체들을 섬기는 것은 하나님의 은혜 없이 우리 안에 어떠한 것으로도 도무지 감당할 수 없습니다.

그 한없는 사랑 앞에 내 자아가 부서지고 녹아질 때, 우리는 식어진 경건을 회복하고 교회를 섬김에 있어서 하나님께서 기뻐하시는 뜻을 좇을 수 있습니다. 하나님의 큰 사랑의 파도에 작은 입자로 녹아 들어가 지체들에게 사랑을 베풀고 교회를 온전케 하는 주님의 도구가 되는 것, 경건이 없다면 그것은 불가능한 일입니다.

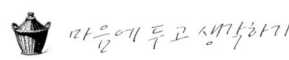
마음에 두고 생각하기

교회를 섬기면서 어떤 피해 의식에 사로잡혀 있다면 예수 그리스도의 십자가를 묵상하십시오. 지체들을 섬기다가 지쳐 보상받고 싶다는 마음이 생겼다면 예수의 십자가를 묵상하십시오. 우리 안에 식어진 경건을 그분의 십자가 아래서 회복하고 기쁨과 감사로 섬기는 삶을 살기를 바랍니다.

경건을 통해 교회는 하나로 연합됩니다

"그에게서 온 몸이 각 마디를 통하여 도움을 입음으로 연락하고 상합하여
각 지체의 분량대로 역사하여 그 몸을 자라게 하며 사랑 안에서 스스로 세우느니라"(엡 4:16).

뻐꾸기의 이기적인 행동은 익히 알려져 있습니다. 다른 새의 둥지를 살펴보다가 그 새가 알을 낳으면 그 중 하나를 자기 알과 바꿔 놓습니다. 다른 어미 새의 품에서 부화한 뻐꾸기 새끼는 튼튼한 두 다리로 둥지 안의 아직 부화되지 않은 알들을 둥지 밖으로 밀어내 버리는데 심지어 등에 업어 밀쳐 내기까지 합니다. 그리고 왕성한 식욕으로 어미 새가 물어다 주는 먹이를 먹고 빨리 자라 둥지를 떠나고 다시는 돌아오지 않습니다.

이 뻐꾸기의 모습은 하나님을 향한 인간의 모습과 유사합니다. 타락 후 인류를 포함한 온 세상은 이기적이고 파괴적으로 변해 버렸고 왜곡된 자기 사랑의 본성을 가지고 태어나게 되었습니다. 이 인간의 본성은 십자가에서 꺾이지 않으면 나를 버리고 하나님을 사랑하는 온전한 사랑의 성향을 회복할 수 없는 것입니다.

따라서 신자가 이렇게 경건을 잃어버렸을 때는 타고난 본성에 따라 내 슬픔, 내 고통, 내 괴로움, 내가 입은 손해, 이런 것들만 눈에 들어옵니다. 그러나 십자가 앞에서 경건을 회복하고 나면 '그분이 십자가에서 죽으신 고난이 나같이 더러운 인간을 위한 죽음이었구

나. 그래서 내가 사는 것도 주님의 은혜요 내가 은혜를 누리고 있는 것도 주님의 은혜다.'라고 다시금 고백하게 되는 것입니다.

하나님의 탁월한 지혜로 경건은 구속의 물줄기를 타고 하나님께서 구원하시는 백성의 열매요, 특징이 되었습니다. 십자가 앞에서 무너진 나를 타고 흐르는 사랑의 물줄기가 원수처럼 생각했던 지체들에게까지 스며듭니다. 교회의 연합은 그 안에서 이루어질 수 있습니다.

하나님께서는 그가 어떤 위치에 있든, 어떤 사람이든 십자가를 통해 드러난 하나님의 엄위와 사랑 안에서 신자가 되게 하시고, 날마다 십자가의 현재적인 경험 속에서 자기가 누구인지를 깨달아 하나님의 사랑으로 돌아가게 하심으로써 다양한 사람들로 이루어진 교회 전체를 진리와 사랑 안에서 하나로 묶으시는 것입니다.

그러면서 교회는 공동체적인 경건을 이루게 됩니다. 그것이 바로 나의 경건이 나 한 사람의 것이 아니라 공동체 모두의 것이며 경건 그 자체가 공동체성을 가지고 있는 이유입니다.

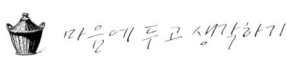
마음에 두고 생각하기

경건의 비밀이신 예수 그리스도께 우리 마음의 자리를 내어 드려 그분 안에 교회가 하나 되기를 힘씁시다.

이것이 우리가 배워야 할 공동체의 모습입니다

"모든 겸손과 온유로 하고 오래 참음으로 사랑 가운데서 서로 용납하고 평안의 매는 줄로 성령의 하나 되게 하신 것을 힘써 지키라"(엡 4:2-3).

우리가 하나님의 자녀가 되면 겪게 되는 변화가 하나 있습니다. 그것은 바로 교제권의 변화입니다. 세상에 많던 친구는 우리가 신실하게 살면 살수록 멀어져 갑니다. 이전에 죄악된 세상에서 즐기던 취미나 악한 습관도 이제 더 이상 우리의 즐거움이 아닙니다. 그것은 무엇 때문입니까? 아무리 즐거워하고 기뻐하며 만족을 누려도 결코 죄가 되지 않는 아름다운 원천이 바로 그리스도 예수로 묶여진 성도들 간의 깊은 교제 속에 있기 때문입니다.

그래서 우리는 서로 사랑하는 것이 마땅합니다. 서로를 깊이 사랑하고 지체들을 옆에 두신 의미, 즉 '예수 그리스도께서 우리를 위해 십자가에 못 박혀 죽으심으로 이 세상에서 회복하고자 하셨던 관계가 바로 이런 관계구나.'라는 것을 생각할 수 있어야 합니다. 하나님께서는 우리가 그분의 자녀가 될 때, 자녀들 간의 관계가 그분의 사랑 안에 함께 거하여 살아가는 가족이 되길 원하셨습니다.

그러므로 우리는 이 거칠고 모난 많은 지체를 용납해 주는 것을 배워야 합니다. 교회 공동체는 그들이 용납될 수 있는 마지막 집단입니다. 예수님께서는 창기와 세리, 기생과 죄인들, 그 당시 종교

사회에서 토해 낸 사람들에게 찾아가셔서 병든 자를 고치시고 상한 자를 싸매셨습니다.

그랬기에 그 치열한 율법의 날카로운 정죄의 칼날 가운데서도, 심지어는 사람들 손에 들려 있는 돌멩이를 보면서도 변화될 수 없었던 사람들이, 예수님의 섬김 속에서, 주님의 품안에서 온전한 사람으로 변화되어 갔던 것입니다. 이것이 우리가 배워야 할 공동체의 모습입니다.

자신에게 고통을 준 지체에 대해 자신이 피해자라고 여기지 않고, 긍휼히 여기는 마음으로 그를 용서하고 또한 그가 변화되기를 간구하며 하나님의 은혜를 구하는 자기 깨어짐의 사랑을 실천하여야 합니다. 그리고 이것을 실천하게 하는 원천으로 돌아가야 합니다. 바로 우리를 경건으로 이끄시는 주님의 십자가, 그 엄위로우면서도 한없이 자비로운 사랑으로 말입니다.

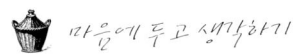

예수께서 우리를 긍휼히 여기시고 용납하신 것처럼 우리 또한 지체들을 용납하고 긍휼히 여길 때 성도의 교제 안에는 용서와 사랑의 꽃이 피어납니다. 그 아름다운 교제의 향기를 주님은 기뻐 받으십니다.

경건의 삶을 증진하는 또 하나의 비결은 친구 관계에 있습니다

"지혜로운 자와 동행하면 지혜를 얻고 미련한 자와 사귀면 해를 받느니라"(잠 13:20).

루이스 베일리Lewis Bayly라는 청교도 시대의 유명한 저자는 그 시대 사람들이 개인적으로 경건하게 살아가지 못하는 중요한 요인 가운데 하나를 불경건한 친구들과의 사귐을 계속하는 것이라고 지적했습니다.

하나님께서 우리에게 주님을 인격적으로 만나게 하시고, 그분의 생명의 비밀을 알게 하실 때 주시는 가장 놀라운 능력 중 한 가지는 악한 친구들, 불경건한 친구들과의 교제가 없어도 넉넉히 살아갈 수 있는 힘입니다. 그래서 개인적으로 경건의 삶을 증진하려면 친구 관계를 어느 정도 정리해야 합니다.

성경은 지혜로운 자와 동행하면 지혜를 얻는데 미련한 자와 사귀면 해를 받는다고 말합니다잠 13:20. 지혜로운 자는 어떤 사람일까요? 아주 똑똑해서 기회를 잘 포착하는, 처세술에 있어서 지혜로운 사람을 말하는 것이 아닙니다.

여기서의 지혜는 바로 하나님을 경외하는 데서 오는 지혜입니다. 하나님을 경외하는 데서 오는 판단력을 말합니다. 우리는 그런 지혜로운 이들과의 교제를 통해서 세상을 온전하게 판단하고 이 세대를 본받지 않고 세상 가운데 살아갈 수 있는 힘을 얻습니다. 하나님을 깊이 경외하는 경건한 사람과 함께 생활하면 우리는 그의 생각과 사고 방식을 닮아 가게 됩니다.

그래서 예수를 믿고 난 이후에 우리의 친구 관계는 새로워져야 합니다. 그러나 이것이 세상 친구들과의 완전한 분리나 단절을 의미하는 것은 아닙니다. 우리는 세상에서 만난 친구들과의 연결도 지속적으로 가지고 있어야 합니다. 우리가 결국 살아가야 할 곳은 그곳이기 때문입니다.

하지만 그들과 함께 교제한다는 것과 그 속에 말려 들어가 포함되어 버린다는 것은 다릅니다. 그 교제 속에서 우리는 자신을 잘 지켜야 합니다. 세상의 심장에 칼을 꽂고 돌아선 우리가 다시 그곳에 속하려 한다면 우리는 그들 사회에서 진짜 버림 받게 됩니다.

그러므로 이쪽으로 가든지 저쪽으로 가든지 그리스도인으로서 정체성은 포기될 수 없기에 세상에서 우리가 믿는 사람으로 각인되고 난 이후에 그 속에서 살아갈 길은 오직 올곧은 믿음으로 사는 길뿐입니다. 우리가 속한 사회는 거칠고 황폐하며 세속적이지만 오히려 그것이 우리가 영원히 나그네인 것을 기억하게 합니다.

불경건한 친구들과의 관계 속에서 나는 더 이상 세상과 연합한 자가 아니라 나와 연합하여 주신 분이 그리스도이심을 기억하며 그분의 신부로, 하나님의 자녀로, 하늘나라에 연결된 그 연합과 동질성을 생각하기 바랍니다. 우리가 그렇게 경건을 가지고 세상에 들어갈 때에라야 참으로 세상에 복음의 빛을 비춰 줄 수 있습니다.

여러분이 하나님 보시기에 기쁘고 아름다운 경건의 사람으로 살아가는 것을 방해하는 것이 친구 관계라면 기억하십시오. 지혜로운 자와 동행하면 지혜를 얻고 미련한 자와 사귀면 해를 받는다는 사실을 말입니다.

 마음에 두고 생각하기

우리의 친구 관계는 새로워져야 합니다. 세상 친구들, 주님을 전혀 모르는 사람들을 그리스도의 사랑으로 사랑해 주십시오. 그들의 생일을 챙기고 따뜻한 편지를 보내는 것도 좋습니다. 그러나 그들에게 완전히 동화되는 것이 아니라 우리의 동질성은 그리스도에게 있음을 기억하고 경건한 지체들과의 교제를 계속해 나가기 바랍니다.

성도의 교제 속에서 경건은 증진됩니다

"지혜로운 자와 동행하면 지혜를 얻고
미련한 자와 사귀면 해를 받느니라"(잠 13:20).

 천을 염색할 때 제일 먼저 하는 작업은 그 천을 물에 여러 번 빨거나 뜨거운 물에 소다와 함께 팔팔 끓이는 것이라고 합니다. 그 이유는 풀기나 가공 처리로 인해 천에 먼저 스며든 요소들을 제거하기 위해서입니다. 그렇다면 반대로 염색약에 천을 넣어도 염색이 되지 않게 하려면 천에 다른 것이 먼저 스며들어 가게 하면 됩니다.

 우리 자신을 이 천에, 염색약을 세상에 비유한다면 어떨까요? 우리는 세상에 결코 물들어서는 안 되는 존재이지만 또한 그 세상에 들어가 하나님의 자녀로서 예수님의 빛을 선명하게 비추는 존재여야 합니다. 그렇다면 어떻게 세상 친구들 안에 들어가 있으면서도 그들로부터 경건생활에 도움이 되지 않는 영향을 받지 않을 수 있습니까?

 그 비결은 바로 내가 그 세상에 물들기 전에 먼저 거룩하고 경건한 성도의 교제가 가져다주는 만족과 행복을 터득하고 그것이 더 빨리 몸에 배이도록 하는 것입니다.

 그리스도인으로 살아가면서 우리는 무엇을 통해 즐거움과 쉼을 얻습니까? 노래방에서 노래를 한껏 뽐내고 나면 내면에 거룩한 열망이 일어납니까? 고스톱을 오래 치고 나면 성령이 충만해집니까? 텔레비전을 한참 보고 나면 마음에 기쁨과 평안이 가득합니까? 그것은 불가능합니다. 그렇다면 우리가 나 자신을 마음껏 발산하면서도 휴식을 취하고 그 시간을 즐겼음에도 내면적으로 갈급함이 아닌 다시 내적인 충만함을 경험하게 하는 것은 무엇일까요?

그것은 바로 경건하고 훌륭한 성도와 함께 교제하는 것입니다. 그들이 만난 하나님에 대한 이야기를 듣고, 내가 만난 하나님을 말하며, 또한 주님 뜻대로 살아가는 데서 겪는 어려움들을 나누고 눈물을 흘리면서 더욱더 하나님을 위해 살아가고자 다짐합니다. 서로의 어려움을 이해하고 주님의 도움과 사랑이 필요하다는 사실을 깨달으며 그 안에서 섬김이 필요한 부분을 발견하고 그들을 위해 기도해 줍니다.

고난 혹은 기쁨 가운데 하나님을 만나고 섬긴 얘기들을 듣다 보면 자신의 메말랐던 마음들이 살아납니다. 그러면서 소원했던 하나님과의 관계를 뉘우치고 새 힘을 얻게 됩니다. 이러한 사귐 속에서 우리의 경건이 증진되는 것입니다.

 마음에 두고 생각하기

성도의 교제가 가져다주는 만족과 행복을 경험하고 있습니까? 이것이 만족될 때 우리는 세상의 불경건한 친구들과의 교제가 주는 잠시 잠깐의 매혹적인 즐거움에 물들지 않을 수 있습니다.

성도의 교제는
진리 안에서의 교제여야 합니다

"우리가 보고 들은 바를 너희에게도 전함은 너희로 우리와 사귐이 있게 하려 함이니 우리의 사귐은 아버지와 그 아들 예수 그리스도와 함께 함이라"(요일 1:3).

유대인 종교 철학자 마르틴 부버Martin Buber는 자신의 책 『나와 너』에서 '나와 너' 사이에 아무리 최선의 인격적인 교감을 가진다고 해도 '영원자 당신'과의 만남이 없는 우리의 만남은 온전할 수 없다고 했습니다.

성도간의 '교제'κοινωνία란 사귐을 말합니다. 이 성도간의 사귐은 세상을 향해 흩어져 있던 우리의 마음을 모아 주고 하나님을 위해 살고자 하는 마음을 갖게 합니다. 이 복되고 아름다운 교제 속에서 우리가 주의해야 할 것은 그 교제를 통해서 하나님은 보지 않고 사람만 보고 사람만 의지하는 마음을 갖는 것입니다. 이런 것들은 성경에서 이야기하는 거룩한 성도의 교제가 아닙니다.

그렇다면 어떻게 우리는 서로를 열어 깊고 뜨거운 사랑의 교제를 통해서 만족을 누리면서도 그것이 사람을 의지하는 마음으로 번지지 않고 오히려 그 교제를 나누고 나면 우리 주님을 더 간절히 추구하고 싶은 좋은 마음의 열매를 맺을 수 있을까요? 그 정답은 바로 진리 안에서 교제하는 것입니다.

성경이 말하는 교제는 세속적인 사귐과는 달리, 주님과의 교제를 전제로 하기에 성도의 신령한 교제의 마지막은 신령한 은혜의 충만함입니다. 그런데 진리가 없는 만남과 모임 속에서는 은혜의 자리를 우정이 대신합니다. 교회가 그 우정을 중심으로 편을 나누고 선을 긋고 동아리를 만드는 것은 잘못된 것입니다.

우정 충만의 교제와 은혜 충만의 교제를 구별할 수 있는 좋은 방법이 있습니다. 두 교제 안에는 모두 기쁨이 있을 수 있고, 때론 아픔이나 슬픔이 있을 수도 있습니다. 그러나 두 교제의 중요한 차이점은 진리 안에서의 교제는 항상 우리의 거룩함과 경건을 자극한다는 것입니다. 교제를 깊이 나누고 나면 진짜 성경을 더 많이 알았으면 좋겠다거나 혹은 더 깊은 기도에 대한 사모함이 생긴다거나 아니면 저 지체의 짐을 내가 나누어 졌으면 좋겠다는 생각이 들 때 그것이 진리 안에서의 사귐의 증거입니다.

진리의 빛 가운데서 나누는 교제는 그리스도로 말미암아 이루어지는 교제입니다. 그 교제 속에서 경건한 지체들과의 대화를 통해 하나님을 바라보게 되고 그 지체의 경건을 본받고 싶어 하는 일들이 일어날 때 우리는 주께서 허락하신 참다운 성도의 교제를 나누고 있는 것입니다.

우리의 교제를 되돌아 보십시오. 무언가 잘못되어 있지 않습니까? 사람만 교회에 적을 둔 사람들일 뿐이지 세상 사람들과 별반 다를 바 없는 교제를 나누고 있지는 않습니까? 교제라는 탈을 쓴, 세상과 다를 바 없는 모임은 우리의 경건을 갉아 먹습니다.

진리 안에서의 교제, 그 귀한 성도의 만남을 세상의 잡다한 이야기로 낭비해 왔다면 멈추십시오. 이제는 돌이켜 성도의 은혜 충만한 교제가 더욱 풍성케 되는 데 한 사람 한 사람이 이바지하기 바랍니다. 그래서 서로가 서로의 경건에 누가 되지 않고 거룩함과 경건을 자극하는 일들이 일어나 우리 모두가 함께 그리스도의 장성한 분량에까지 자라 가기를 바랍니다.

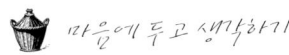

교제 속에 나눔과, 즐거움과, 맛있는 음식이 있다고 해도 그 모임에 진리가 없다면 세상의 모임과 다를 바 없습니다. 성도의 교제를 통해 경건이 증진되고 있습니까? 나의 나눔 속에 주님과의 교제가 전제되어 있는지 먼저 살펴보기 바랍니다.

참된 교제,
성도들이 지녀야 할 삶의 모습입니다

"그에게서 온 몸이 각 마디를 통하여 도움을 입음으로 연락하고 상합하여
각 지체의 분량대로 역사하여 그 몸을 자라게 하며
사랑 안에서 스스로 세우느니라"(엡 4:16).

칼빈John Calvin은 교회의 본질을 설명하면서 성도들 안의 사귐을 그 중 한가지로 언급했습니다.

그리스도만이 머리이시고 모든 신자는 지체가 된다. 그래서 그리스도를 통해 통일이 이뤄지고 신앙 공동체가 형성되는 것이다. 성도들은 그리스도의 친교 가운데서 결합되며 하나님께서 각자에게 주신 은사를 서로 나누어야 한다. 그리스도를 머리로 한 모든 지체들은 각기 자신이 받은 능력과 재능을 활용하고 주어진 분깃과 임무를 감당해야 한다. 그러므로 성도들은 공동체의 일원으로서 서로를 위해 존재해야 하며 상호간의 애정, 동정, 관심을 가지고 서로를 도와야 한다.

그가 말하고 또한 성경에서 이미 말씀하신 것처럼 우리는 성도간의 거룩한 교제를 통해 그리스도의 한 몸 된 교회를 든든히 세워나가게 됩니다. 그런데 거룩한 하나님의 말씀에 의해서 주장되지 않는 교회 안에서는 그러한 거룩한 교제가 존재하기 굉장히 어렵습니다. 그러할 때 성도간의 만남은 아무런 도움을 주지 못합니다.

신앙이 자라지 않고 말씀에 대한 아무런 깨달음이 없으며 하나님과의 새로운 만남도 없는데 만나서 무슨 얘기를 하겠습니까? 새로 산 집을 자랑하고 자식 자랑을 하는 것은 이 세상의 믿지 않는 사람들이 이웃들과 모여서 나누는 수다와 다를 바 없는 것입니다.

우리에게 계속해서 진리를 통해서 충전을 받고 주님을 인격적으로 새롭게 만나는 거룩한 감화와 기쁨이 있다면 간증 거리가 계속해서 솟아날 것입니다. 그 교제 속에서 함께 하시는 그리스도에 대한 충만한 느낌, 그 충만한 은혜가 우리에게 만족을 주는 것입니다. 그러면서 우리는 변화되어 갑니다. 이것이 진정한 의미에서 성도들이 지녀야 할 삶입니다.

그런데 요즘 사람들은 성도의 교통이 주는 축복이 무엇인지 모르고 모임 자체를 싫어하고 빨리 자기의 삶으로 돌아가려고 합니다. 또한 예수를 믿고 하나님의 자녀가 되었으면서도 지체들을 향해서 마음을 꼭 닫아 두고 삶의 영역을 전혀 개방하지 않는 사람들도 있습니다. 그들은 그만큼 하나님을 향해서 아직 열려 지지 못한 것이 많은 사람들입니다.

우리는 하나님의 사랑에 대해서, 그분의 은혜에 대해서, 그리고 그분 자신을 향해서 마음이 열리는 것만큼 자신과 동일하게 하나님의 사랑을 받은 지체들에 대해서도 마음이 열리게 됩니다. 그리고 교제하고자 하는 사모함이 생깁니다. 이런 것들을 통해 우리는 늘 경건의 도전을 받는 것입니다.

이런 성도의 교제가 공적인 예배나 하나님의 진리 선포를 대신할 수는 없지만 그것을 통해서 하나님과의 거룩한 교제, 예배, 신령한 하나님의 은혜 부어 주심, 이런 것들에 대한 기대하는 마음을 갖게 되고 또한 하나님 앞으로 다시 돌아가게 됩니다.

이것은 목회자만의 몫이 아닙니다. 은혜를 받은 성도들의 몫이기도 합니다. 실족하는 자들을 잘 챙기고 따뜻한 사랑으로 돌보는 것, 이것이 하나님과 나 자신이 누구인지 알고 그 큰 사랑에 감격하여 살아가는 경건한 성도들의 모습인 것입니다.

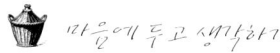
마음에 두고 생각하기

참된 성도의 교제 속에서 우리는 서로를 일으켜 세워 경건으로 살아가게 합니다. 하나님께서는 우리를 개인으로 부르지 않으시고 공동체로 불러 주셨습니다. 공동체 안에서 서로에게 그리스도의 사랑을 실천함으로 교회를 온전히 세워 가길 바랍니다.

경건한 자들의 사귐이 있는 곳이야말로 아름다운 교회의 모습입니다

"지혜로운 자와 동행하면 지혜를 얻고 미련한 자와 사귀면 해를 받느니라"(잠 13:20).

좋은 소출을 얻기 위해서는 씨앗의 상태도 좋아야 하지만 밭의 상태가 좋아야 합니다. 논에다 석유를 조금만 부어도 그 논에서는 절대로 모가 자라지 않습니다. 왜냐하면 봄에 물을 대면 석유가 땅 속에 쫙 퍼지면서 곳곳에 흡착되어 버리기 때문입니다.

우리 마음의 밭도 마찬가지입니다. 마음 밭은 경건하고 건설적이며 생산적인 신앙의 삶을 살아가는 데 있어서 굉장히 중요합니다. 그 밭이 악한 친구들과의 교제에 의해서 뭉개져 버리고 악한 영향력이 스며들고 나면 그 밭은 불모지가 되어 버리는 것입니다. 그 밭에서는 결코 소출을 얻을 수 없습니다.

반면 거룩한 성도의 교제를 통해서 우리는 거룩함과 경건의 자극을 받게 됩니다. 그래서 우리는 경건한 지체들과 함께 교제하기를 힘써야 합니다. 그리고 그 즐거움을 배워야 합니다.

함께 하나님을 믿고 섬기는 성도의 교제가 얼마나 큰 축복인지 생각해 보십시오. 그것이 바로 '교통' communication 입니다. '출교'란 영어로 익스커뮤니케이션 excommunication 입니다. 교통으로부터 잘라낸다는 뜻입니다. 성도의 교통이 얼마나 행복한지를 아는 사람은 그런 교통 없이 혼자서 사는 것이 얼마나 형벌과 같이 곤고한가 하는 것을 압니다.

정말 아름다운 교회는 어떤 모습일까요? 큰 건물이나 유명한 목회자가 있는 그런 교회입니까? 예배 시간에 수없이 많은 사람들이 몰려드는 커다란 교회입니까?

아닙니다. 아름다운 교회는 설교자의 말씀 선포가 끝나고 예배를 마치고 나면 구석구석에서 자기의 죄를 뉘우치고 하나님 앞에 자신을 돌아보며 눈물을 흘리는 지체들과 그 옆에서 그를 어깨에 기대게 하고 눈물을 닦아 주는 지체들과의 거룩한 사귐이 예배의 영광과 함께 존재하는 교회입니다.

주님과의 신령한 사귐이 있고 그 신령한 교제에서 맛을 본 사람들이 빛 된 삶을 살아가는 교회, 그 빛 속으로 들어온 지체들과의 아름다운 교제가 있는 교회, 그 교제 속에서 받은 빛으로 어둠 속에 있는 지체들에게 다가가는 섬김이 있는 교회가 진정 아름다운 교회입니다.

하나님의 백성으로서의 삶을 위해 하나님께서는 우리가 아무 데서나 혼자서 예수 믿게 만들지 않으시고 이렇게 모여서 주님을 의지하며 살아가게끔, 목양을 받으며 하나님 앞에 신앙을 지켜가게끔 만드셨습니다. 그러면서 이 거룩한 교제를 통해 성도는 더욱 아름답게 성장해 나가는 것입니다.

지금 여러분의 마음 밭은 어떤 상태입니까? 소출을 낼 수 없는 불모지가 되어 있지는 않습니까? 불모지처럼, 잘려진 나뭇가지도 열매를 더 이상 맺지 못합니다. 그런데 살아있는 나뭇가지에 접붙이면 그 나무의 뿌리로부터 함께 영양분을 공급받으며 다시 열매를 맺을 수 있게 됩니다.

성도의 교통, 경건한 자들의 사귐은 이와 같은 것입니다. 생명의 근원이신 예수 그리스도를 머리로 한 몸의 지체가 되어 서로에게 생명력을 전달하는 것, 이것은 우리를 교회로 부르신 이유이기도 합니다. 경건한 자들과의 사귐을 통해 그리스도께 더 가까이 가십시오. 그것이 아름다운 교회의 모습입니다.

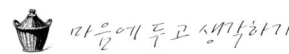
마음에 두고 생각하기

사도 바울은 고린도교회에 보내는 편지에서 "속지 말라 악한 동무들은 선한 행실을 더럽히나니"(고전 15:33)라고 했습니다. 악한 친구들과의 사귐을 멈추고 경건한 지체들과의 사귐의 즐거움을 배우기 바랍니다. 그 교제를 통해 성도는 경건의 자리로 나아갈 수 있게 됩니다.

경건한 성도들의 한 가지 소망

"내가 여호와께 청하였던 한 가지 일 곧 그것을 구하리니
곧 나로 내 생전에 여호와의 집에 거하여 여호와의 아름다움을 앙망하며
그 전에서 사모하게 하실 것이라"(시 27:4).

"내가 여호와께 청하였던 한 가지 일 곧 그것을 구하리니 곧 나로 내 생전에 여호와의 집에 거하여 여호와의 아름다움을 앙망하며 그 전에서 사모하게 하실 것이라"시 27:4. 저는 이 말씀을 읽을 때마다 가슴이 뭉클해집니다. "인생이라는 것이 이렇게 간단하구나!" 오히려 하나님의 사랑을 모르던 때에는 인생에 대해 가지고 있는 생각들이 참 많습니다. 하지만 주님의 사랑을 알고 나면 그런 것들은 이래저래 본질적인 것이 아니라는 것을 깨닫게 됩니다.

우리가 얼마나 헛된 꿈을 좇으며 살고 있는지 가만히 생각해 보십시오. 먹지 못할 양식을 위해 일하고, 소유하지 못할 것들을 위해 분투하며 시간을 허비합니다.

하나님께서 우리 한 사람 한 사람을 불러서 주님의 귀한 자녀로 삼아 주셨을 때, 주님이 품고 계신 생각은 복잡하지 않았습니다. "내가 너희를 그리스도의 피로 구원했으니, 이제 너희는 참사랑과 은혜를 깊이 깨닫고 매순간 나를 기쁘게 하는 삶을 살아라. 그래서 너는 나를 인해서 기뻐하고, 나는 너로 인해서 기뻐하리라." 이것이 주님이 우리를 처음 불러 주셨을 때의 생각이며, 교제가 있는 자리였습니다.

다윗은 이 사실을 깨닫게 되었습니다. 그래서 그는 하나님의 집에서 하나님의 아름다우심을 찬송하는 것이 단 한 가지 소원이라고 고백하고 있습니다. 그리고 그 고백은 결국 주님께 영광 돌리는 데 헌신된 사랑의 마음이 하나님의 교회를 통해서 구체적으로 나타나게 하겠다는 신앙의 고백입니다. 그처럼 은혜를 경험한 경건한 신자들도 그렇게 하나님의 집에서 날마다 하나님을 향한 찬송과 주님을 향한 사랑이 깊어져 가기를 갈망했습니다.

그러면 여러분은 어떻습니까? 하나님이 누구이신지에 관해 알게 되고, 내가 누구인지를 알게 되며, 인생의 의미를 배운 주님의 교회에 대한 그리움이 있는지 묻고 있는 것입니다. 교회에서 주님의 아름다우심을 맛본 기억들이 있다면 주님의 교회를 그리워하는 것은 참으로 당연한 일입니다. 그래서 경건한 신자들은 어디에 있든지 하나님의 집에 있는 것과 같은 그런 관계를 그리워하게 되는 것입니다.

그렇다면 우리가 주님의 교회에서 힘써야 할 것은 무엇입니까?

첫째로 우리는 하나님이 얼마나 아름다운 분이신지 날마다 알아 가야 합니다. 주님을 향한 찬송과 경배는 주님을 알아 간 것만큼만 필요하기 때문입니다.

둘째로 하나님의 집인 교회가 거룩한 추억의 장소가 되도록 간절히 기도해야 합니다. 그래서 더 많은 사람들이 주님을 만나고 그분께 영광 돌리는 데 쓰임 받도록 헌신해야 합니다.

또한 끝으로 우리는 뒤이어 오는 세대들이 믿음을 지키며 살다가 유혹이나 고난, 박해를 당할 때에도 교회를 생각하며 하나님 앞에 돌아가겠다고 용기 있게 결단할 수 있는 굳건한 성도들이 되도록 잘 양육해야 합니다.

그러나 이 모든 일은 많은 재물과 물질을 가지고는 절대로 할 수 없습니다. 오직 이 일들을 가능하게 하시는 분은 한 분 하나님이십니다. 하지만 놀랍게도 하나님께서는 주님의 교회가 하나님의 특별한 집이 되도록 간구하는 성도들의 기도를 통해서 그 일들이 이루어져 가도록 하셨습니다. 주님이 머리 되시는 교회에서 많은 성도가 꿈에도 그리던 하나님의 거룩한 사랑과 은혜를 경험하고 주님의 이름을 높이며 사는 복된 날들이 계속되면 얼마나 좋을까요? 이것이 하나님께서 우리를 여기 있게 하신 이유입니다.

 마음에 두고 생각하기

인생을 살아가면서 아무리 어려운 시련을 만나더라도 하나님의 교회에서 하나님이 주시는 위로만 있으면 우리는 언제나 그 어려움을 헤쳐 나갈 수 있습니다. 그러나 경건한 사람들의 가장 깊은 소망은 눈앞의 어려움을 없애는 것이 아니라 하나님을 찬송하는 것입니다.

사명선언문

너희가 흠이 없고 순전하여……세상에서 그들 가운데 빛들로
나타내며 생명의 말씀을 밝혀 _ 빌 2:15-16

1. 생명을 담겠습니다
만드는 책에 주님 주신 생명을 담겠습니다.
그 책으로 복음을 선포하겠습니다.

2. 말씀을 밝히겠습니다
생명의 근본은 말씀입니다.
말씀을 밝혀 성도와 교회의 성장을 돕겠습니다.

3. 빛이 되겠습니다
시대와 영혼의 어두움을 밝혀 주님 앞으로 이끄는
빛이 되는 책을 만들겠습니다.

4. 순전히 행하겠습니다
책을 만들고 전하는 일과 경영하는 일에 부끄러움이 없는
정직함으로 행하겠습니다.

5. 끝까지 전파하겠습니다
모든 사람에게, 땅 끝까지, 주님 오시는 그날까지
복음을 전하는 사명을 다하겠습니다.

서점 안내

광화문점 서울시 종로구 새문안로 69 구세군회관 1층
02)737-2288(T) 02)737-4623(F)

강남점 서울시 서초구 신반포로 177 반포쇼핑타운 3동 2층
02)595-1211(T) 02)595-3549(F)

구로점 서울시 구로구 시흥대로 577 3층
02)858-8744(T) 02)838-0653(F)

노원점 서울시 노원구 동일로 1366 삼봉빌딩 지하 1층
02)938-7979(T) 02)3391-6169(F)

분당점 경기도 성남시 분당구 황새울로 315 대현빌딩 3층
031)707-5566(T) 031)707-4999(F)

신촌점 서울시 마포구 서강로 144 동인빌딩 8층
02)702-1411(T) 02)702-1131(F)

일산점 경기도 고양시 일산서구 중앙로 1391 레이크타운 지하 1층
031)916-8787(T) 031)916-8788(F)

의정부점 경기도 의정부시 청사로47번길 12 성산타워 3층
031)845-0600(T) 031)852-6930(F)

인터넷서점 www.lifebook.co.kr